租税理論研究叢書……………………27

消費課税の国際比較

日本租税理論学会［編］

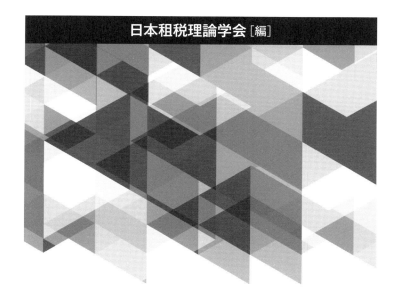

財経詳報社

「消費課税の国際比較」によせて

　日本租税理論学会 2016 年度大会・会員総会は，2016 年 10 月 29 日（土），30日（日）の両日，東京都内にある法政大学市ヶ谷キャンパスにおいて開催された。租税理論研究叢書 27 は，2016 年度（第 28 回）研究大会の記念講演，特別講演，シンポジウム報告と討論，一般報告を収録したものである。

　2016 年度研究大会では，「消費課税の国際比較」をシンポジウムのテーマとした。この背景には，わが国における消費税引上げに伴う，複数税率の採用，前段階税額控除方式の変更などの実施時期をめぐる次のような紆余曲折がある。

　2012（平成 24）年 8 月に成立した消費税法改正法（平成 24 年法律 68 号）では，4 ％の消費税率（地方消費税と合わせて 5 ％）を 2014（平成 26）年 4 月から 6.3%（同 8 ％）に，そして 2015（平成 27）年 10 月から 7.8%（同 10%）に引き上げることとされた。この際に，軽減税率（複数税率）制度を創設するとともに，インボイス方式（適格請求書等保存方式）を導入する決定がなされた。しかし，安倍首相は，2014（平成 26）年 11 月に，消費税改正法附則 18 条（いわゆる景気判断条項）に基づき，消費税率の引上げ時期を 2017 年（平成 29）年 4 月に延期する判断を下した。延期のための改正法は 2015（平成 27）年 3月に成立した（平成 27 年法律 9 号）。しかし，その後 2016（平成 28）年 11 月には，消費税の引上げを再延期する決定がなされた。これにより，軽減税率制度は 2019（平成 31）年 10 月，インボイス方式は 2023（平成 35）年 10 月に導入時期が延期された（平成 28 年法律 85 号，同 86 号）。

　このような消費税をめぐる政治主導の紆余曲折は，「消費税/付加価値税とは何か」について，学問的により深い検証を行う時間を与える結果となった。今研究大会シンポジウムでは，グローバルな視座から，「英国における付加価値税制度の特徴」（菊谷正人氏・酒井翔子氏），「ドイツの売上税—前段階税額控除を中心に—」（奥谷健氏），「地方消費課税における税制調和と課税自主権—カナダにおける多様な連邦 – 州消費課税システムの形成過程と米国への示唆—」（篠田剛氏），「EU における付加価値税の見直し」（湖東京至氏）について，それぞれ研究報告を行った。

i

各報告とも，税法学，財政学などそれぞれの研究テーマについて緻密な検討を行っており，極めて示唆に富む内容であった。シンポジウム報告をもとに展開された「討論：消費課税の国際比較」では，各報告者に対して数多くの建設的な質問が行われた。一連の質問応答を通じて，今後わが国で実施が予定されている軽減税率制度やインボイス方式などについて数多くの再検討すべき課題が浮き彫りにされた。研究者は概して孤独である。また，独断に陥りやすい。「討論」は，各発表者に他者の見解に耳を傾け，かつ独断などをただす良き機会を与えるように思われる。今後，より活発に質問応答ができるように「討論」の環境整備に努めていきたい。

　個別報告では，「税理士は，納税者の忠実な助言者・代理人であるべきか？―税理士倫理の展望と課題―」（馬場陽氏），「英国における高額所得者課税の課題と改革―英国のマーリーズ報告書による所得税改革―」（一由俊三氏），「消費税の本質と『社会に負担』理論」（内山昭氏）について，それぞれ研究報告を行った。いずれの研究報告も，専門的な視角から精査しており，有益である。また，特別講演「税務訴訟の現状と課題―課税要件の解釈のあり方などを中心に―」（木山泰嗣氏）も，税務訴訟の実務家としての経験から学び取った課題を披露したものであり，示唆に富む内容であった。

　今研究大会では，税界の長老であり，本学会の創設メンバーでもある富岡幸雄中央大学名誉教授に，記念講演をお願いした。「税制公正化への魂の覚醒を―税界70年の歩みを回顧して―」と題するご高話から，富岡先生の生き様・軌跡を知るとともに，研究者としての生き方などを学ぶ千載一遇の好機を得ることができた。会員一同にとり，生涯心に残る大きな喜びである。

　末尾ながら，2016年度大会・会員総会の開催・運営にご尽力いただいた法政大学・菊谷正人理事と関係者の皆さまに心から感謝申し上げる。

　また，本学会の租税理論研究叢書の発行にご尽力いただいている財経詳報社，同社の宮本弘明社長に対して心からお礼申し上げる。

石村耕治（日本租税理論学会理事長・白鷗大学）

目　次

「消費課税の国際比較」によせて ……………………………石村　耕治　i

Ⅰ　シンポジウム　消費課税の国際比較

記念講演
税制公正化への魂の覚醒を …………………………富岡　幸雄　3
──税界 70 年の歩みを回顧して──

特別講演
税務訴訟の現状と課題 …………………………………木山　泰嗣　25
──課税要件の解釈のあり方などを中心に──

1　英国における付加価値税制度の特徴
…………………………………菊谷　正人／酒井　翔子　44

2　ドイツの売上税 ……………………………奥谷　　健　65
──前段階税額控除を中心に──

3　地方消費課税における税制調和と課税自主権
……………………………………篠田　　剛　84
──カナダにおける多様な連邦 − 州消費課税システムの形成過程と
　米国への示唆──

4　EU における付加価値税の見直し …………湖東　京至　106

iii

5 討 論 消費課税の国際比較 ··· 119

〔司会〕
　　内山昭／阿部徳幸
〔討論参加者〕
　　石村耕治／奥谷　健／粕谷幸男／菊谷正人／湖東京至／篠田　剛／
　　鶴田廣巳／中西良彦／松井吉三／三森れい子／望月　爾／安井栄二

Ⅱ　一般報告

税理士は，納税者の忠実な助言者・代理人であるべきか？
　　··馬場　　陽　147
　　——税理士倫理の展望と課題——

英国における高額所得者課税の課題と改革
　　··一由　俊三　166
　　——英国のマーリーズ報告書による所得課税改革——

消費税の本質と「社会の負担」理論 ·············内山　　昭　188

日本租税理論学会規約
日本租税理論学会理事名簿

■執筆者紹介（執筆順）

富岡　幸雄（とみおか・ゆきお）　　中央大学名誉教授

木山　泰嗣（きやま・ひろつぐ）　　青山学院大学法学部教授・弁護士

菊谷　正人（きくや・まさと）　　　法政大学大学院経営学研究科教授

酒井　翔子（さかい・しょうこ）　　嘉悦大学経営経済学部准教授

奥谷　　健（おくや・たけし）　　　広島修道大学法学部教授

篠田　　剛（しのだ・つよし）　　　立命館大学経済学部准教授

湖東　京至（ことう・きょうじ）　　元静岡大学人文学部法学科教授・税理士

馬場　　陽（ばば・よう）　　　　　弁護士

一由　俊三（いちよし・しゅんぞう）　税理士

内山　　昭（うちやま・あきら）　　経済学博士・立命館大学上席研究員

I　シンポジウム

消費課税の国際比較

2016 年 10 月 29・30 日　第 28 回大会（於　法政大学）

記念講演
税制公正化への魂の覚醒を
——税界70年の歩みを回顧して——

富 岡 幸 雄

（中央大学名誉教授）

Ⅰ　はじめに——「税界70年の歩みを回顧して」の記念講演に際して御礼のことば

　かの大東亜戦争の末期に学徒出陣として旧制横浜高等商業学校（現横浜国立大学経済学部）の2年生の時に陸軍現役兵に徴兵され，海外の最前線に出征した。そして，陸軍兵科甲種幹部候補生として陸軍少尉に任官する直前に敗戦となり，翌1946（昭和21）年に九死に一生を得て復員し内地に帰還することができた。

　そして，これから大学に進学し本格的に勉強し直そうと計画したが，敗戦直後の厳しい環境で，家庭の経済的事情からも至難なことは明らかであり，やむなく職に就くことになった。しかし，東京をはじめ大都市は焼け野原，民間企業も殆んど活動していない世状であった。

　就職したのは郷里にあった東京財務局大月税務署である。税務行政の最前線で私の担当したのは法人税の賦課のために民間会社の会計帳簿を検査する税務調査の業務であった。まさに，「税界70年の歩み」のスタートである。

　爾末，国税官庁における税務行政業務に15年間，官界から学界に転じて，1960（昭和35）年から1995（平成7）年まで中央大学での税務会計学の研究と教育に35年間，その後，在野の自由な研究者として，生涯の天職である税制問題の研究に専念し，今日に到るまで22年間，これらを通算すればトータルで72年間となり，その置かれている立場と環境は異なっても，ひたすら「税界一筋の途」「税務会計学研究一筋の途」を歩み続けてきたことになる。

　今度，日本租税理論学会が第28回の全国大会において，「記念講演」という

光栄ある機会を与えて頂いたことに，まことに感激し恐縮している。御高配を賜った学会理事長の鶴田廣巳先生，学会企画委員長の梅原英治先生，学会事務局長の髙沢修一先生，大会準備委員長の菊谷正人先生の御厚情に心から感謝するとともに，あわせて，崇高な理念と壮大な目標を掲げて財政学，税法学，税務会計学の研究者がインターディシプリナリーに相協調して研究活動をするユニークな本学会が益々発展し，その使命を達成し国家社会に貢献されることを願っている次第である。

Ⅱ　苦難と波瀾に感動と歓喜を体得した学問遍歴の足跡

1　闘魂の限りを尽して学問研究に猛進

（1）　学問研究の過去と未来

　税務会計研究を創造的に開拓し，やがて「税務会計学」の学的成立の構築を主張することができるまでになり，その内容充実と研究成果の集積に猛進してきた。

　やがて「総合租税学」の創設を志向しながら，さらに，これからは，「社会公正達成の総合科学」のパラダイム形成にまで到達し，崇高なる日本改革に貢献しようとすることをめざしているのが私の学問遍歴である。

（2）　研究活動の軌跡を回顧

　今にして歩みきたりし学問研究の軌跡を回顧するとき，それは，まさに激動の嵐の中を苦難と波瀾と感動を体得しながらの学問遍歴であった。

　それは，闘魂の限りを尽して，ひたすら邁進し，幾つもの険しい峠を乗り越え，深い谷を渡ってきた研究人生であったと考え，まことに感慨深いものがある。

　今は，ひたすら「学を楽しむ」心境で，自由な研究を遊んでいる。

2　研究タイプの時代区分別の研究内容と特徴

（1）　時代とともに変化し発展してきた研究活動の態様

　税務会計学研究を主体としてきた私の学問研究の歩みを，研究タイプの時代区分別に，それぞれの発展過程における研究内容の性格と特徴とともに，その時期における主要な著作，学会での研究報告，国会での証言や意見公述，さら

に主要な職歴を含めて，その概要を要約して示すことにする。

(2)　進化してきた税務会計学のカテゴリー

1950 年代から 10 年間を区切りとして，その時代における研究タイプに応じて税務会計学をカテゴリー別に区分して，それぞれにニックネームを命名して研究活動の特徴を明示した。

なお，1980 年代は，研究活動の成熟期に入り，研究スピードも急速に加速したので 5 年間を区切りに，前期と後期とに分けて記述した。

(3)　研究アプローチの時代区分とタイプ

・1950（昭和 25 ～ 34）年代──官僚行政期の税務会計学

　　解読・解明型の税務会計学研究

　　　→　税務の民主化を志向（脱却純化）

・1960（昭和 35 ～ 44）年代──暗中模索期の税務会計学

　　苦闘・奮起型の税務会計学研究

　　　→　方法論の形成を志向（進路確認）

・1970（昭和 45 ～ 54）年代──黎明早暁期の税務会計学

　　前進・暁の税務会計学研究

　　　→　各論領域の形成を志向（内容集積）

・1980 前期（昭和 55 ～ 59）年代──旭日昇天期の税務会計学

　　進展・躍動の税務会計研究

　　　→　研究体系の成熟化を志向（社会進出）

・1980 後期（昭和 60 ～平成元）年代──闘う行動期の税務会計学

　　税制改悪化と対決する税務会計研究

　　　→　学的成果の実践化・社会化を志向（公正税制）

・1990（平成 2 ～ 11）年代──公正税制志向の税務会計学

　　不公正税制是正の税務会計研究

　　　→　理念追求型の理想税制の建設を志向（税制改革）

・2000（平成 12 ～）年代──社会公正達成の総合科学

　　不公正なことと闘う世直しの学問研究

　　　→ロマンチック・サイエンスの展開（日本改革）

Ⅲ　1950年代──「官僚行政期の税務会計学」遂行の時代

1　解説と解明型の税務会計研究と税務の民主化を志向

(1)　行政経験の集積と租税知識の体得

1950年代は，国税庁在勤時代であり，行政経験の集積とともに，租税関連法令の立法形成と執行面への解釈適用による専門的知識を基盤として活用しながら，自然発生的に税務会計の理論形成に努めた時期である。

実践と経験の濾過から，おのずから税務会計理論の形成を探求した時代である。

(2)　解明論型の探求ながら理論構築を志向

研究アプローチのタイプとしては，解明論型に属する税務会計研究が主体ではあったが，著書や論文の執筆などを通じて，税務会計理論の構築を意識しながら，税の本質の探究と民主主義国家における税のあり方を考えた。

税務行政機関において行政執行の掌にあるため苦悩しながらも，税務の民主化を志向する意識を昂揚させていた時代である。

(3)　当局者でありながら「節税」を国民の権利として確立

税務会計理論に関する著作のほかに，この時期の末葉には，大蔵事務官として東京国税局に在職の立場にありながら，わが国で初めて"節税"の本を刊行し話題を巻き起こした。

大蔵省・国税庁の上層部には，「現役の税務職員が，このような著書を出版するのはけしからん」として，国家公務員法で処罰しようとする動きもあったようである。しかし，この著書は税法に抵触するところは，まったくなく，合法的なものであった。

よって，この国において「節税」は，「脱税」や「避税」と異なり，納税者国民の権利であることが確立した。

以来「節税」という言葉とアイデアと文化を発明し職を賭して確立させた「節税の教祖」として一世を風靡したのである。

(4)　「官僚行政期の税務会計学」と称すべき時代

この時期は，私の税務会計研究の研究タイプの区分としては，「官僚行政期

税制公正化への魂の覚醒を

の税務会計学」と呼称すべき時代である。

2 国税官庁勤務 15 年間の業務と研究活動

⑴ 主要な職務・学校・資格・受賞

1946 年 4 月　　東京税務局大月税務署直税課勤務

1947 年 4 月　　中央大学旧制法学部に入学

1949 年 9 月　　第 1 回公認会計士試験第 2 次試験に合格

1950 年 3 月　　中央大学法学部卒業

1950 年 5 月　　東京国税局法人税課に転任

1951 年 4 月　　第 1 回税理士試験に第 1 号で合格

1953 年 12 月　公認会計士試験第 3 次試験に合格

1953 年 12 月　東京国税局長より模範職員として表彰を受ける　二階級特進
　　　　　　　　する

1958 年 4 月　　中央大学商学部兼任講師，創設講座「税務会計論」を担当

⑵ 学会研究報告

1959 年 5 月　税務会計の構造『会計』1959 年 10 月号（日本会計研究学会第
　　　　　　　　18 回大会「統一論題」研究報告，於関西大学）

⑶ 主要な著作

1951 年 5 月　税務上の損益計算　　　　　　　　　　　　　　岩崎書店

1955 年 1 月　税務損益論　　　　　　　　　　　　　　　　　白桃書房

1957 年 6 月　棚卸資産の税務会計　　　　　　　　　　　　　森山書店

1959 年 6 月　租税節約の話──合理的納税のための会社経理　中央経済社

Ⅳ　1960 年代──「暗中模索期の税務会計学」研究の時代

1 奮起と苦闘の税務会計研究で学的体系と方法論の形成を志向

⑴「官僚行政期の税務会計学」から脱却の苦闘の時期

　1960 年代は，官界から学界に進出し，前半の 5 年間は，助教授時代である。
これまで日本税法の研究が中心であったが，この時期には意識して，諸外国の
税務会計研究に力を注ぎながら，いかにして「官僚行政期の税務会計学」から

7

脱却して「科学的税務会計学」の建設を志向するかにつき苦悩し奮闘した。まことに，「奮起と苦闘の税務会計研究」の時期である。

(2) 学的体系の探究と方法論形成を志向

税務会計研究の学的体系を探求し，特に方法論形成に努めるとともに，税務会計の広汎な研究テーマに情熱的にチャレンジした。

しかし，新しい学問領域である税務会計学研究には，先導的な文献も殆どなく，暗闇の中を自分ひとりで手探りで一歩一歩と進むようではあったが，研究意欲は極めて旺盛であった。

(3) 税務会計と企業会計との調整論争に税務会計的アプローチで参画

当時，かねてよりの懸案であった税務会計と企業会計・商法会計との調整問題に積極的に関与し参画した。

助教授時代に研究発表により日本会計研究学会賞を受賞した「税務会計と企業会計の調整」に関する論文をはじめとして，連年のように学会での研究報告などをし，大いに所見を発表した。

日本会計研究学会の「税務会計特別委員会」のメンバーとして税務会計の独自の論理である税務会計原則論的発想に基づく所説を強力に主張し報告書の作成に反映させた。その結果として調整問題を，よりよい方向に前進させる理論的情況の形成に寄与することができた。

(4) 在外研究で情熱を燃焼させ貴重な成果を獲得

1965 年に教授に就任したあと，間もない 2 年後から，1 年 3 ヵ月間にわたるアメリカおよびヨーロッパ各国での在外研究を経験することができた。

アメリカでは，カリフォルニア大学客員教授の任務を終了後，スタンフォード大学，南カリフォルニア大学，デンバー大学，シカゴ大学，ノースウェスタン大学，イリノイ大学，ミシガン・ステート大学，ミシガン大学，ニューヨーク大学，コロンビア大学，ハーバード大学，マサチューセッツ工科大学，エール大学，デューク大学など 18 の大学において滞在研究，訪問研究をなし，関係教授と学問上の諸問題につき研究討論を試みた。

また，連邦政府財務省，内国歳入庁本庁，サンフランシスコ，ニューヨーク，ニュージャージー等の地域の税務行政機関，証券取引委員会，アメリカ公認会

計士協会，主要会計士事務所など11の機関を訪問し，関係専門家と意見交換をするとともに多くの研究資料を蒐集した。

アメリカにおいて研究討論，意見交換をした大学教授や研究者，政府当局者，専門家は100名をはるかに超えた。文字どおり広大なアメリカ各地を駆けずりまわり必死の思いで研究討論をし，資料蒐集や各地の視察等に専念した。

在外研究においては，そのチャンスを生かそうとし，特に，私の学問研究への開花期を迎える直前の基礎がための時期であったため，留学研究の成果の増大を期待して大学から特別に許可を得て，滞在期間を大幅に延長することができた。このため在外研究計画は当初のプランより非常に拡大し，訪問研究先の大学や機関も増加した。そのため支出が大いに嵩み我が家の貯金の全部を使い果たしてしまった次第である。

⑸ 「暗中模索期の税務会計学」と称すべき時代

この時期は，私の税務会計研究の研究タイプの区分としては，「暗中模索期の税務会計学」と呼称することが適当な時代である。

2　学界進出後の10年間の行動と研究活動

⑴　主要な職務・学術受賞

1960年3月　東京国税局を依願退職

1960年4月　中央大学商学部助教授，「税務会計論」を担当

1961年4月　日本商工会議所税制委員・特別委員・専門委員等

1964年5月　日本会計研究学会賞を受賞する（第23回大会，於慶應義塾大学）受賞論文「税務会計と企業会計の調整──企業会計制度確立のための基礎的前提問題の検討──」『会計』1963年9月号（日本会計研究学会第22回大会研究報告，1963年5月，於大阪市立大学）

1965年4月　中央大学商学部教授，「税務会計論」を担当

1967年4月　中央大学よりの在外研究員として欧米各国に出張，この間，米国カリフォルニア大学客員教授

1968年4月　中央大学大学院商学研究科教授，「税務会計論特講」を担当

1968 年 7 月　中央大学経理研究所研究部長

(2)　学会研究報告

1961 年 5 月　税務会計論の課題と教程『会計』1961 年 12 月号（日本会計研究学会第 20 回大会「自由論題」研究報告，於神戸大学）

1963 年 5 月　税務会計と企業会計の調整——企業会計制度確立のための基礎的前提問題の検討——『会計』1963 年 9 月号（日本会計研究学会第 22 回大会「自由論題」研究報告，於大阪市立大学）

1964 年 5 月　商法と税務会計との調整の基本問題——税務財務諸表制度の構想とその提案——『会計』1964 年 8 月号（日本会計研究学会第 23 回大会「指定論題」研究報告，於慶應義塾大学）

1965 年 5 月　関係会社の税務会計問題——連結税務申告制度その他関係会社の税務会計制度の整備をめぐって——『会計』1965 年 12 月号（日本会計研究学会第 24 回大会「統一論題」研究報告，於関西学院大学）

1966 年 5 月　引当金会計——公表企業会計の実態分析——『公表企業会計の実態分析シリーズ——第Ⅲ部　引当金会計』1966 年 8 月，中央大学経理研究所（日本会計研究学会第 25 回大会「スタディ・グループ」研究報告，於横浜国立大学）

1969 年 5 月　税務会計原則の探究——税務会計学研究における重要問題——『会計』1969 年 8 月号（日本会計研究学会第 28 回大会「自由論題」研究報告，於甲南大学）

(3)　主要な著作

1960 年 7 月	交際費の税務会計	森山書店
1961 年 4 月	報酬賞与の税務会計	森山書店
1961 年 12 月	税務会計要論	森山書店
1963 年 1 月	貸倒償却の税務会計	森山書店
1963 年 10 月	交際費の税務会計〔全訂版〕	森山書店
1964 年 8 月	節税経営政策——タックス・マネジメント入門	中央経済社
1966 年 1 月	税務会計論・総論編	森山書店

1966 年 8 月	引当金会計	中央大学経理研究所
1967 年 5 月	税務会計入門（日経文庫）	日本経済新聞社
1969 年 10 月	税務会計総論	森山書店

Ⅴ　1970 年代──「黎明早暁期の税務会計学」研究の時代

1　前進した暁の税務会計研究で各論領域の形成を志向

⑴　研究の方向性と進路を確認し研究内容を充実・深化させた時期

1970 年代は，いささか研究の進むべき方向に燈火を見いだし，夜明けを迎えた「前進と暁の税務会計研究」の時期である。

税務会計学の学的体系と方法論を確立し，税務会計原理の構想と体系が，ほぼ完成するとともに，税務会計の重要テーマについての研究を深化させて各論の形成と内容の充実に猛烈に力を注ぎ研究を促進させ活力を燃焼させた。

⑵　多忙な校務と研究活動の前進との両立に苦心

この時期は，学生部委員，学生部長に続いて多摩移転に伴う学生の宿舎の整備を担当した「協力下宿整備委員会」の副委員長の職を学生部長時代より引き継いで長期間にわたり勤務するなど，大学における校務にも多くの時間と労力を費やし苦しい場面が少なくはなかった。しかし，進路を定めた研究内容の充実と集積に努めてきた。

なお，1975 年には，論文「税務会計原理に関する研究」により中央大学から商学博士の学位を授与された。

⑶　「黎明早暁期の税務会計学」と称し得る時代

この時期は，学問研究に方向性を見いだすことができ，研究の各論領域の形成とともに，研究内容の充実と集積に努めることができた。この意味において，この時期は，私の研究タイプの時代区分としては，「黎明早暁期の税務会計学」と呼称することができる時代である。

2　1970 年代の 10 年間の行動と研究活動

⑴　主要な職務・学位の取得

1970 年 6 月　　学校法人中央大学評議員

1975 年 12 月　論文「税務会計原理に関する研究」により中央大学から商学
　　　　　　　　博士の学位を授与される
1976 年 4 月　中央大学学生部長
(2)　学会研究報告
1970 年 5 月　制度会計領域における税務会計研究の展望──日本会計学 70
　　　　　　　年代における税務会計学研究の役割──『会計』1971 年 3 月
　　　　　　　号（日本会計研究学会第 29 回大会「統一論題」研究報告，於一橋
　　　　　　　講堂）
1973 年 5 月　課税所得概念の特質と変貌現象──税務会計の動向にみる基
　　　　　　　本的問題点の検討──『会計』1973 年 12 月号（日本会計研究
　　　　　　　学会第 32 回大会「統一論題」研究報告，於松山大学）
(3)　主要な著作
1971 年 2 月　節税戦略　　　　　　　　　　　　　　　　日本経済新聞社
1971 年 9 月　経営人事費の税務会計　　　　　　　　　　　　森山書店
1974 年 12 月　販売促進費の税務会計　　　　　　　　　　　　森山書店
1976 年 2 月　会社決算の節税戦略　　　　　　　　　　　　中央経済社
1977 年 9 月　債権管理の節税戦略　　　　　　　　　　　　中央経済社
1978 年 4 月　税務会計学　　　　　　　　　　　　　　　　　森山書店
1979 年 3 月　決算政策の税務管理　　　　　　　　　　　　税務経理協会

Ⅵ　1980 年代前期──「旭日昇天期の税務会計学」研究の時代

1　進展し躍動の税務会計研究で研究体系の拡大と成熟化を志向

(1)　研究体系の精緻化と研究領域の飛躍的拡大化で躍動を進めた時期

　1980 年代の前期は，研究体系の精緻化を進めるとともに，各論的領域の充実
のみではなく，研究領域の飛躍的拡大にエネルギーを傾注した時期である。

　法人所得税務会計の全体系を完成するほか，研究対象を拡大し法人所得税務
会計以外の分野である個人企業課税の個人所得税務会計，相続課税の財務税務
会計にまで拡大化した。

⑵　個人企業課税の基本問題に徹底して挑戦

　個人企業課税問題を追求する個人所得税務会計では，事業主給与の必要経費を論証することを主力に，個人企業の所得計算構造の後進性の改善に所論を展開した。

⑶　「事業承継税制」の創設に情熱

　通産省の「中小企業承継税制問題研究会」の座長に就任し「報告書」を取りまとめた。これにより中小企業の事業承継税制を創造的に提案し，政府税制調査委員会の特別委員として，立法形成にも参画し，大蔵省当局の強力な抵抗を排除し，その創設を実現せしめた。

　事業承継税制問題の開発は，財産税務会計の分野にも税務会計研究が拡大化されたことを意味し，「進展と躍動の税務会計研究」の時代を迎えた。

⑷　「旭日昇天期の税務会計学」と称してもよい時代

　研究体系の精緻化と成熟化，さらに研究領域の著しい拡大化が進められた。学問研究の充実を基盤として学的成果の実践化と社会進出を実現化し，「旭日昇天期の税務会計学」と称し得る時代である。

2　1980 年代前期の 5 年間の行動と研究活動

⑴　主要な職務・公職

1980 年 10 月　通産省中小企業承継税制問題研究会委員・座長

1981 年 3 月　　中央大学経理研究所長

1982 年 7 月　　政府税制調査会特別委員

1983 年 4 月　　日本税法学会名誉会員

1983 年 4 月　　東京税理士会日本税務会計学会顧問

⑵　学会研究報告・国会証言

1980 年 5 月　　税務会計と企業会計の交流——税法と会計の基本的あり方
　　　　　　　　——『会計』1980 年 1 月号（日本会計研究学会第 38 回大会「統一論題」研究報告，於滋賀大学）

1985 年 2 月　　衆議院大蔵委員会参考人意見陳述（2 月 27 日）

(3) 主な著作

1980 年 3 月	個人企業課税の基本的課題──事業主報酬の必要経費性	
		中央大学出版部
1980 年 12 月	交際費を考える	税務研究会出版局
1981 年 3 月	税務用語辞典（日経文庫）	日本経済新聞社
1981 年 5 月	中小企業に事業承継と税制──新しい税制の論理を求めて	
		ぎょうせい
1982 年 4 月	事業承継を考える	税務研究会出版局
1983 年 3 月	中小企業の相続税はこうなる──実現した事業承継税制	
		税務経理協会
1984 年 2 月	税法による会社経理実務（日経文庫）	日本経済新聞社
1984 年 2 月	税務会計原理（税務会計体系・第 1 巻）	ぎょうせい
1984 年 3 月	税務収益会計（税務会計体系・第 2 巻）	ぎょうせい
1984 年 4 月	税務費用会計（税務会計体系・第 3 巻）	ぎょうせい
1984 年 5 月	税務資産会計（税務会計体系・第 4 巻）	ぎょうせい
1984 年 11 月	税務持分会計（税務会計体系・第 5 巻）	ぎょうせい
1985 年 1 月	税務会計持論（税務会計体系・第 6 巻）	ぎょうせい
1985 年 3 月	税務国際会計（税務会計体系・第 7 巻）	ぎょうせい

Ⅶ　1980 年代後期──「闘う行動期の税務会計学」研究の時代

1　庶民いじめの悪税である売上税や消費税と対決する税務会計研究で学的成果の実践化を志向

(1)　学的成果の実践化を志向し悪税と闘う行動で社会進出をした時期

　1980 年代の後期は，1985 年頃より「大型間接税」である売上税や消費税の導入問題が提起され，税制論議が沸騰し，税制改革の激動期に突入した。

　竹下政権の政治謀略により，遂に 1989 年に悪税である消費税が強行導入されてしまい税制の暗黒時代に入った。

　学的成果の具体化と実践化を志向し，学問の社会化をめざして，庶民いじめの不公正税制と対決する「闘い行動する税務会計研究」の時期が到来した。

14

(2) 庶民いじめの税制改悪化と闘う税務会計学に進化

租税の基本理念に反し，逆進性の強い消費税のような普遍的間接税の導入に反対し「大型間接税不要論」を強硬に展開してきたのは，税務会計原理に違背した不公正税制の是正が極めて不十分なままで，大衆課税に傾斜する安易な増収措置の設定に賛同できなかったからである。

不公正税制の是正は，アンフェアなことをなくし，社会の仕組みを公正にするために不可欠なことである。本来は納めるべき税金を納めなくてもよいように法制を歪めることによって課税逃れを見逃しているシステムを改め，正常化することであり，増税ではない。日本の税制の欠陥は，メインタックスである所得課税に致命傷があることである。

(3) 「不公正税制是正論」を強力に展開

税制改革の議論を進めるにあたり，現行の日本税制に存在する限りなき歪みと，不公正の実態を，税務会計学，総合租税学の研究成果を踏まえて論理的に解明し，混迷せる租税政策の誤りを徹底的に批判して，税における「公正」と「正義」が実現する真に公正な税制の実現のために，「課税所得変貌論」を基底として「不公正税制是正論」を展開し，「税制再改革の基本構想」を明示してきた。

(4) 国際課税の欠陥是正に集中的にアタック

国際課税問題の欠陥是正にも積極的にアタックし，外国税控除制度の欠陥の利用，タックスヘイブンの悪用，トランスファープライシングの濫用などによる大企業の「税金逃れ」の実態を，実例をあげながら厳しく指摘し，「税金を払わない大企業リスト」を公開するまで踏み込み，税制の欠陥と，税務行政の不徹底さの是正を強く要求した。

(5) 国会での証言で自己の学説を国政に反映

1988 年度から実施された税制抜本改革に際しては，衆参両議院の予算委員会の公聴会には再三にわたり公述人として出席し，税制改革のあり方につき所見を公述し，学問的所信を国政に反映することに努めた。

(6) 「闘う行動期の税務会計学」と称し得る時代

この時期は，これまでの学的研究成果を前面に爆発させて行動し，税制の不

公正さと激しく闘ったのである。私の税務会計研究の研究タイプの区分としては，まさに「闘う行動期の税務会計学」というべき時代である。

2 1980 年代後期の 5 年間の行動と研究活動

(1) 主要な職務・公職

1985 年 4 月　　放送大学客員教授，「企業と会計」講座を担当

1985 年 6 月　　日本会計研究学会評議員

1989 年 3 月　　税務会計研究学会副会長

1989 年 12 月　日本租税理論学会理事

(2) 学会研究報告・国会証言

1986 年 7 月　　企業活動の国際化と税務会計の課題――インターナショナル・タックス・アカウンティングの諸問題――『会計』1987 年 2 月号（日本会計研究学会第 45 回大会「自由論題」研究報告，於横浜国立大学）

1988 年 3 月　　参議院予算委員会公聴会意見公述（第 112 回国会・昭和 63 年 3 月 22 日）

1989 年 3 月　　衆議院予算委員会公聴会意見公述（第 114 回国会・平成元年 3 月 2 日）

1989 年 5 月　　参議院予算委員会公聴会意見公述（第 114 回国会・平成元年 5 月 18 日）

1989 年 7 月　　学としての税務会計研究――「真の税制改革」への役割――『税務会計研究』創刊号，1990 年 9 月（税務会計研究学会第 1 回大会「統一論題」研究報告，於成蹊大学）

1989 年 12 月　総合租税科学の確立の必要性――税務会計学からの問題提起――『租税科学と消費税問題』租税理論研究叢書第 1 号，1991 年 11 月（日本租税理論学会創立大会「基調報告」，於法政大学）

(3) 主要な著作

1986 年 3 月　　税務会計――企業と会計Ⅱ　　　　　　　日本放送出版協会

1987 年 3 月　　税制改革と売上税――そのあり方に物申す　　　　森山書店

税制公正化への魂の覚醒を

1987 年 5 月	マル査の博士　大いに怒る──暴かれた大企業と政府の癒着
	文藝春秋
1987 年 11 月	社長！相続税にはこの方法で勝ちなさい──節税の教祖が英
	知を絞った究極の節税戦略　　　　　　　　　　中経出版
1988 年 7 月	これが今度の「消費税」だ　　　　　　　　　　中経出版
1989 年 9 月	消費税への対応策──企業と国民の知恵　　中央経済社

Ⅷ　1990 年代──「公正税制志向の税務会計学」研究の時代

1　消費税の実施と増税を批判し不公正税制と闘い理念追究型の理想税制の実現を志向する日本税制の改革を志向

(1)　理念追究型の理想税制の構築をめざし「税制再改革」の運動に活躍した時期

1990 年代は，消費税の実施とその見直し論が提起された時代であり，「不公正税制是正論」，「増収試算論」，「消費課税批判論」を展開し，消費税シフトの現実妥協型税制への堕落を厳しく批判し，理念追究型の理想税制の構築を志向し，「税制再改革」を強く要求した時期である。

日本税制の構造的欠陥を明らかにし，租税理念と税務会計原理を基調とした「税制再改革の基本構想」を精細かつ具体的に提示してきた。

(2)　誤った財政経済政策の強行を批判

所得税減税の実施と消費税増税を予定することを目的とする税制改革関連法が成立（1994 年 11 月 25 日）したことで，庶民を苦しめる本格的な「重増税時代」の幕開けとなってしまった。

この村山政権による税制改革は，資産家や中高所得者の所得税と住民税の減税を賄うために，低所得者や所得税を払っていない人たちからも徴収する消費税アップという大衆増税の断行である。

しかも，問題となっている肝心な利子所得，株式や土地の譲渡所得などについての総合課税化は先送りし，大企業優遇税制の是正にはまったくの手つかずであり，これを温存したままで，不公正はさらに拡大してしまった。これらは，1989 年の消費税導入時に懸念された事態の発生であり，公正と正義を貫くべ

17

き税制のあり方としては，まことに遺憾なことである。

(3) 消費税率アップを強行し「日本経済を駄目にする」愚策を批判

その後，長く続いた厳しい構造的不況から日本経済が漸く立ちなおりかけ，少しずつ景気が回復しかかった1997年4月に，橋本政権は大蔵省主導の財政再建を急ぐあまり「消費税率アップ」の実施を強行し，遂に，消費税率は3％から5％に引き上げられた。

消費税の増税は，税制上の不公正を拡大することで社会の歪みを増幅し好ましくない。しかも，そればかりでなくマクロ経済的にも，誤った処方であるデフレ政策である。私は，そんな間違った政策を進めることは，「日本経済を駄目にする」大変なことになるものと予測し，日本経済が崩壊の危機を招くことを予言し，警告するために所信について論陣を張ってきた。

財政赤字が膨大だから増税するのだというのは，旧い時代の大蔵官僚的発想であり，まことに硬直的な考え方で，生きた経済政策とはいえない。

消費を刺激し，内需の回復を図り，企業活動を活性化し，経済を拡大路線に戻せば，所得税や法人税の自然増収が期待できる。それに「税金のムダ遣い」をなくす，徹底的な歳出削減と行政改革の断行により，おのずから財政再建ができるのである。

* 消費税率アップが1997年4月1日から実施されることが確実となった時期に，つまり税率アップが未だ施行されていない時から，早くも，次のさらなる消費税率アップの策動が，しかも，なかなか，しっかりとした足どりで進められていたのである。

消費税率アップが実施された直後の1997年5月に，国民は，次の消費税率アップへの動向に厳重な警戒が必要であることを強調し警告してきた。

(4) 「税務会計学」を超えて「総合租税学」の次元に進展

このため日本税制の構造的欠陥を明らかにし，租税理念と税務会計原理を基調とした公正税制の実現をめざした「税制再改革の基本構想」を精細に提示してきた。

この時期は，税務会計学研究が成熟し，学問的には「税務会計学を超えて」，次第に「総合租税学」の次元に進化し，不公正税制と闘い，「理念追究型理想税

制」の実現をめざしたのである。

⑸ 「公正税制志向の税務会計学」と称すべき時代

　この時期は，これまで永年にわたり集積してきた学問的研究の成果と信念を基盤として，税制改革の激動の嵐に対応した。この意味で，この時期は，私の税務会計研究における研究タイプの区分としては，まさに，「公正税制志向の税務会計学」といえる時代である。

2　1990 年代の 10 年間の行動と研究活動

⑴　主要な職務

1995 年 3 月　中央大学を定年退職

1995 年 4 月　中央大学名誉教授

1995 年 4 月　富岡総研代表

⑵　学会研究報告

1991 年 12 月　消費税の実態と問題——税務会計学からの問題提起——『消費税の実態・資産課税』租税理論研究叢書第 2 号，1992 年 11 月（日本租税理論学会第 3 回大会「シンポジウム・消費税の実態と問題」研究報告，於立命館大学）

1992 年 9 月　ボーダレス・ワールドでの税務会計の課題——国際秩序の形成力としての機能——『現代社会と会計』黒澤清先生追悼記念論文集，1994 年 3 月（日本会計研究学会第 51 回大会「自由論題」研究報告，　於札幌学院大学）

2000 年 11 月　政府税調「中期答申」の批判と今後の課題『環境問題と租税』租税理論研究叢書第 11 号，2001 年 11 月（日本租税理論学会「臨時研究会」研究報告，於中央大学）

⑶　主要な著作

1992 年 3 月　背信の税制——サラリーマン・生活者いじめの構造　講談社

1993 年 7 月　税務会計論講義　　　　　　　　　　　　　　　中央経済社

1993 年 11 月　歪んだ税を斬る——勤労所得税ゼロ・消費税ゼロでも国は成り立つ　　　　　　　　　　　　　　　　　　　　徳間書店

1994 年 9 月	税制再改革の基本構想――「税の公正化」へのチャレンジ
	ぎょうせい
1995 年 2 月	背信の税制――庶民いじめの構造（講談社文庫）　　講談社

Ⅸ　2000 年代――「社会公正達成の総合科学」研究の時代

1　世の中の不公正と闘い政治推力のアカウンタビリティを検証するロマンチック・サイエンスに傾倒し日本改革を志向

⑴　不公正なことと闘う世直しの学問に情熱を傾注する時期が到来

　21 世紀に入り 2000 年代の初期，特に 2020 年頃までは，広く不公正なことと闘う世直しの学問であることを志向したい。

　因習と妥協に傾きやすい日本の社会構造を反映してか，現在の日本には，いろいろな分野で巨大な不公正が存在し，それが厳然として定着してしまっている。税制も，その代表的なものである。まずもって，国のバックボーンである税制を公正にしなければ，ダイナミズムに溢れた活力ある社会を築き上げることはできない。今こそ，「税の公正化」に向けて果敢なチャレンジが必要である。

⑵　経済の低迷と社会の沈滞から脱却しダイナミズムに溢れた社会の構築

　税務会計学研究の延長線上にあるものは，「公正」と「正義」が実現したダイナミズムが燃えたぎる活力ある社会の建設である。真の意味における経済の自由化により，経済社会は発展し，国民所得は増大する。しかし，他面において，社会構成員の間に著しい経済格差が生ずることは避けなければならない。

　これまでの平等社会が崩壊し，次第に不平等化が拡大し，遂には，「階級社会」化までにも進むおそれさえある。この「階級社会」化こそが，世の中に無力感を漂わせている現在の閉塞状況を生んでいる。

　これでは，社会は沈滞し，活力を喪失してしまい，経済も低迷し，文化は退廃し，国の将来は危うくなるばかりである。

　そこで，経済格差の是正を図り，機会均等化のための租税による所得と富の自動的な再分配のメカニズムを構築するなど，競争原理が働き活力が再生し躍進することができるように日本社会を構造改革する必要がある。

⑶ 「日本税制再建論」に関する検討課題

経済の低迷と社会の沈滞から脱却しダイナミズムに溢れた公正な社会の構築が求められる。

そのための重要な柱となるのが,「公正」と「正義」を貫徹する「税制再改革」である。究明され解決を迫られている課題が,「日本の構造改革」の中枢となる「日本税制再建」にほかならない。

⑷ 政治権力に対しアカウンタビリティ（Accountability）を要求する新しい
　　パラダイムの構築

政治の民主主義と表裏一体の関係にある「税の公正化」こそが,広く“経済民主主義”を実質化し強化するための推進力となるのである。

この「税の公正化」を中核としながら,世の中の不公正なことと闘う学問を進展させることは,「人間愛の根源」と「世の中の道理」をめざす「真の社会科学」にとって重要な使命であると信ずる。

社会の不公正と闘い,政治権力に対してアカウンタビリティを要求する新しい知的体系（パラダイム）が必要なのである。それは,強大な権力や大きな勢力と対決する険しくも厳しい学問であるが,ロマンに溢れた楽しい研究であり,いわばロマンチック・サイエンスともいうべき窮極の学問である「社会公正達成の総合科学」にほかならない。

めざすは,よりよい「日本の構造改革」による「日本の繁栄」を彼岸としゴールとする研究である。

⑸ 動的社会秩序の形成を使命とする「社会公正達成の総合科学」の世紀

租税をめぐる「動的社会秩序の形成要因としての税務会計」の建設を使命としてきた「税務会計学」は,「総合租税学」の中枢となり,先導的な役割を果しつつ前進している。

いまや,この「総合租税学」の研究を基盤としながら,真の社会科学としての「社会公正達成の総合科学」のパラダイム形成の世紀が到来している。

この学問は,やがて,人間性に内在し,社会に潜在している窮極の矛盾の根源を追及し排除することになるものと考える。

2 2000年の17年間の行動と研究活動

(1) 主要な職務・学術受賞・叙勲

2000年10月	学校法人中央大学名誉評議員
2004年4月	天皇陛下より瑞宝中綬章を授与される
2004年9月	日本会計研究学会大田黒澤賞を受賞する（第63回大会，於中央大学） 受賞著書「税務会計学原理」（中央大学出版部）
2014年10月	税務会計研究学会顧問
2016年10月	日本経営分析学会永年賞を受賞する（第32回秋季大会，於国士館大学）

(2) 主要な著作

2001年5月	事業推進型承継税制への転換――事業承継税制の推移と改革構想	ぎょうせい
2003年1月	税務会計学講義	中央経済社
2003年9月	税務会計学原理	中央大学出版部
2008年2月	新版税務会計学講義	中央経済社
2011年4月	新版税務会計学講義・第2版	中央経済社
2013年4月	新版税務会計学講義・第3版	中央経済社
2014年9月	税金を払わない巨大企業（文春新書）	文藝春秋

X むすびにかえて ――今より22年前の中央大学の最終講義の回想

「私が走れば，それも走る。私が止まれば，それも止まる。いつまでも，どこまでも私にくっついてくるものがある。私のこれまでは，そのものとの闘いであった。

　それは，私の影なのである。私のこれまでの競争相手は，ほかならぬ自分自身であったのだ。」

　少しキザな言い方をしてしまったが，これは，「税務会計研究の回顧と展望―わが半生の軌跡―」と題して今より22年前の1994（平成6）年の12月14日に行われた私の中央大学における最終講義の終わりのところで思わず語って

しまった一節である。

　本題の話が終わったあとの，しめくくりである最後の部分は，次のようである。

　「宇宙の誕生から2百億年，地球の創成から46億年，永遠の時のながれのなかで，私たちは，ほんの一瞬だけ生きているにすぎない。一瞬とは，はかないものだ。はかないからだいじなのだ。」

　「70年にわたる私の人生は，過ぎ去ってみれば夢のように短くも感ずる。この短い時間のうち自分は何をしてきたのであろうか。

　短い一生のうちに，私はさきの大戦を経験した。学なかばにして陸軍の現役兵として出征した。戦後は国税庁に勤務のかたわら中央大学法学部，大学院商学研究科に学んだ。国税庁に勤めながら母校本学の教壇に立ち商学部に創設された「税務会計論」を2年間担当した。その後，官界から学界に進出し専任教員として35年の間，この教壇に立ち，税務会計学の建設と充実，教育，その社会的活動に全力投球してきた。

　ひたすらに，ひた走りに，走り続けてきた。でも，私についてくるものがあるのだ。」

　このあとに冒頭のくだりが続くのである。

　「私は，この激動の時代に，やはり険しい小道をたどり，いくつもの高い峠をこえてきた。」

　『学問にとって平安の大道はない。そしてこの険しい小道をよじ登るのに疲れることを恐れない人々のみが，ひとりその輝ける頂上に到達する仕合せをもっているのである。』

　この「資本論」フランス訳の序文に書かれたこの文字ほど研究の途を歩んできた私にとり感動的なものはなく，いつも私をはげましてくれたのである。深夜まで机にかじりついても原稿は1日わずか2，3枚しか書けないこともあった。それでも1年間に千枚ちかくになる。40年間に単著で32冊，編著で13冊，併せて45冊の単行本を出版することができた。

　研究とは書くことである。書かれない思索，書かれない研究は，すべて消え去り，飛び散り，霧散してしまうからである。

成果はともあれ，やれるだけやった。わが半生にもう悔いはない。もし生まれ変わることがあったら，再び同じ学園である中央大学に帰り，再び同じ学究生活をくり返したいと思う」

　以上で，私の最終講義は終わっている。

　この心境と信念は，2017（平成29）年の現在もまったく変わっていない。

　それは，私の税務会計学研究70年の歩みの永い旅路において貫いてきた心情である。今後の学問研究においても変わることはないであろう。

特別講演
税務訴訟の現状と課題
──課税要件の解釈のあり方などを中心に──

木 山 泰 嗣

（青山学院大学法学部教授・弁護士）

Ⅰ　はじめに

　本稿は，税務訴訟の現状について，税務判例を中心に分析し，そこからみえる課税要件の解釈のあり方を通じた課題を明らかにするものである。

　特別講演の内容をまとめたものであるが，タイトルにあるようにあくまで現状からみえてくる課題を浮き彫りにすることに主眼がある。しかし，税務判例を所与のものとして評釈するだけでなく，その傾向からみえてくる司法判断の手法そのものを総合的に批判的に議論することは，あまりないように思う。

　税務訴訟に批判的な目を本稿で向けたのには，筆者自身が弁護士として税務訴訟の代理人（ほとんどが納税者の代理人）として訴訟活動を行ってきた土壌があり，それを研究者の視点で総合できるのではないかと考えたからである。果たしてその試みが成功したかはわからないが，ここに問題提起をしたい。

　なお，タイトルには「税務訴訟」とあるが，審査請求についても言及している。これは，税務争訟（不服申立て及び税務訴訟）の１つであり，本来「税務訴訟」そのものではない。しかし，広い意味での税務訴訟の一部であるし，税務訴訟を語るために切り離すことができない前置が強制される不服申立てという意味もこめて，論及するものである。

Ⅱ　税務訴訟の現状

1　統計データ

税務判例の内容に入るまえに，税務訴訟の現状を統計データの観点から整理

すると，次のようになる。

（1）　件　数

　まず，税務訴訟の新規件数は，平成 27 年度は 231 件である[3]。平成 23 年度に記録した 391 件をピークに 4 年連続の減少であり，その減少傾向に歯止めがかかっていない[4]。異議申立て[5]や審査請求[6]も過去 10 年の推移をみると，同じように減少傾向がみてとれる。

（2）　認容率

　また，その認容率は，平成 27 年度は 8.4％（全部認容 7.3％，一部認容 1.1％）であり，平成 21 年度の 5.0％から突入した「10％割れの納税者勝訴率」の傾向が維持されている[7]。

　不服申立てについても，念のためみておく。同年度は，異議申立ての認容率は 8.4％（全部認容 1.8％，一部認容 6.6％）であり[8]，審査請求の認容率も 8.0％（全部認容 1.6％，一部認容 6.4％）[9]と，訴訟と同じような率が記録されている。審査請求については 12 ～ 14％台が当然だった認容率が，この 3 年間で 7 ～ 8 ％台に落ち込んでいる。

2　原因ないし要因

　全体的な件数の減少傾向であるが，税務調査の手続が法定化され手続が厳格化された平成 23 年改正国税通則法の施行の影響で[10]，実地調査件数が約 3 割減少したことが[11]，目にみえる原因として挙げられる。

　また，認容率の低下傾向については，目にみえない要因といわざるを得ないが，次のことが考えられる。納税者の勝訴率がピークを迎えた平成 18 年度（17.9％）前後を境として，調査段階でかつてであれば行われていたであろう強引な更正等の処分（追徴課税）が抑制されるようになった。訴訟に持ち込まれた場合に国税が敗訴する可能性がある，法的検討（訴訟での勝訴可能性が確実に見込まれる理論武装）が不十分な状況での更正等が差し控えられるようになった。こうした要因が挙げられるであろう（これは，調査段階における国税当局からの指摘について納税者から相談を受けていた実務の経験などから，実感するところである。）。

3 平成 26 年改正法の影響

審査請求については，証拠書類等の謄写（書類の写しの交付）請求が認められるなど納税者の権利が拡充された点（権利の拡充）や，再調査の請求に名称を変え存続したものの，白色申告者であっても納税者が選択しない限りは審査請求のまえに異議申立て（再調査の請求）を経ることが不要とされた点（不服申立ての一元化）などに特色がある平成 26 年改正法が，平成 28 年 4 月 1 日以降の処分に適用されることになった。この改正法の施行が，今後は上記各データに影響を及ぼすことが予想される（再調査の請求〔旧異議申立て〕の数は減少し，審査請求の数が増える可能性があるし，権利の拡充が審査請求の認容率を上昇させる可能性もある。）。

しかし，審査請求については，依然として改善されるべき問題点があるように思う（この点は，Ⅳで後述する。）。

Ⅲ 税務訴訟の課題

統計データからみえる税務訴訟の現状及び今後の予測は，以上のとおりである。では，こうした税務訴訟の結果である司法判断（税務判例）には，どのような傾向があるのだろうか。そこに含まれる問題点を明らかにするため，以下，特徴的な判断の傾向を示す。

その 1 つが「給与概念」の捉え方についての判例の変遷問題などにみられる「先例の規範性」であり，いま 1 つが「税法解釈の方法」である。前者については「給与概念の確立と変容」で，後者については「税法解釈のあり方―文理解釈は正しいのか」で，それぞれ論文にまとめた。ここでは本稿のテーマである税務訴訟の課題（問題点）を浮き彫りにするかたちで，そのポイントを論じる。

1 判例が提示する課税要件の捉え方―給与概念を中心素材として

(1) 先例がもつ規範性とその変更の可否及び方法

ア 問題提起

課税要件は，法律で定めなければならない。この租税法律主義（憲法 84 条）との関係が争われる税務訴訟は，いまも昔も多い。しかし，レイシオ・デシデ

ンダイ（主論）に対する事実上の拘束力が先例として他の事件にも及ぶことを前提に，先例（最高裁判決）が示した課税要件についての規範（要件及び判断枠組みを含む。）にどのような拘束力があるかについての議論は，ほとんどされてきていないように思われる。この問題を本稿では「先例の規範性」と呼ぶことにしたい。

　この点について，「給与概念の確立と変容」を執筆した際に，後半で深く論じることも試みたが，先行研究がほとんどなく，民事訴訟法上の先例の拘束力（判例の射程等）の問題とリンクさせながら，税法解釈の先例（規範）を論じるほどに筆者の力量が到達していないことを痛感し，最後に数ページで短くまとめるにとどめた経緯がある[15]。この部分の執筆中に，民事訴訟の裁判官実務の豊富な経験があり，その研究でも業績を残されている司法修習時代の恩師である土屋文昭教授[16]に草稿をおみせし，ご意見を賜った。現時点で論文としてまとめることが非常に難しいテーマであることを，そのご示唆（そもそも，民事訴訟法上もレイシオ・デシデンダイの範囲とその拘束力については議論が明確ではないとのことであった。）から認識した。

　先例の規範性は未だ整理された議論のないところであるが，税務訴訟の先例である課税要件（法規範）を，対象となる課税要件を定めた法文の法改正がなされていないにもかかわらず，判例変更の手続を経ることなく変遷させることが，租税法律主義の下で許されるのか，という問題と提起しておきたい。

　結論からいうと，筆者は許されるべきではないと考える。租税法律主義の趣旨（課税に対する予測可能性及び法的安定性の保障）に反するからである。

　しかし，判例変更によらずに先例で示された課税要件を変遷させたかにみえる最高裁判決が出現している。その典型が，所得税法28条1項が定める給与所得の定義及び要件としての「給与概念」の問題である。

　イ　給与概念の先例

　先例は，弁護士が得た顧問先からの顧問料が給与所得にあたるか事業所得にあたるかについて示された最高裁判決（弁護士顧問料事件）である（最高裁昭和56年判決）[17]。同判決は，給与概念について次のように判示しており，この判決はその後の裁判例においても一貫して，同じ規範としての課税要件（給与概念）

が前提とされ続けてきた。

「……およそ業務の遂行ないし労務の提供から生ずる所得が所得税法上の事業所得（同法 27 条 1 項，同法施行令 63 条 12 号）と給与所得（同法 28 条 1 項）のいずれに該当するかを判断するにあたっては，租税負担の公平を図るため，所得を事業所得，給与所得等に分類し，その種類に応じた課税を定めている所得税法の趣旨，目的に照らし，当該業務ないし労務及び所得の態様等を考察しなければならない。したがって，弁護士の顧問料についても，これを一般的抽象的に事業所得又は給与所得のいずれかに分類すべきものではなく，その顧問業務の具体的態様に応じて，その法的性格を判断しなければならないが，その場合，判断の一応の基準として，[18] 両者を次のように区別するのが相当である。すなわち，事業所得とは，自己の計算と危険において独立して営まれ，営利性，有償性を有し，かつ反覆継続して遂行する意志と社会的地位とが客観的に認められる業務から生ずる所得をいい，これに対し，<u>給与所得とは雇傭契約又はこれに類する原因に基づき使用者の指揮命令に服して提供した労務の対価として使用者から受ける給付をいう</u>。なお，給与所得については，とりわけ，給与支給者との関係において何らかの空間的，時間的な拘束を受け，継続的ないし断続的に労務又は役務の提供があり，その対価として支給されるものであるかどうかが重視されなければならない。〔下線は筆者〕」

確かに，「判断の一応の基準として」とあるが，その「基準」が現実にその後も先例として使われ続けてきた事実は重く受け止められるべきである。そうである以上，この先例としての給与概念（課税要件）を，対象となる所得税法 28 条 1 項の改正がなされていないにもかかわらず，社会の変化などを強調して，[19] 判例変更の手続をとることもなく変遷させることは，租税法律主義に違反するというべきである。

最高裁昭和 56 年判決が示した給与概念は，①雇用契約又はこれに類する原因に基づくこと（雇用類似要件），②使用者の指揮命令に服して提供した労務の対価であること（従属性要件），③使用者（給与支給者）から受ける給付であること（給付要件），の 3 要件に分解することができる。

ウ　最高裁平成17年判決

　この3要件を前提に考えたときに，給与所得該当性を認めることが容易ではない事案が登場した。ストック・オプション事件である。外国親会社から付与された同社のストック・オプションを日本子会社の役員が行使して得た利益（権利行使益）が一時所得にあたるか，給与所得にあたるかが争われた事件である。

　最高裁平成17年判決は，次のように，「事例判断」のかたちをとり，このとき「給与概念」についての一般論を論じることを放棄した。そして判決文では示されていない「給与概念」を前提に「あてはめ」を行い，権利行使益は「雇用契約又はこれに類する原因に基づき提供された非独立的な労務の対価として給付されたものとして，所得税法28条1項所定の給与所得に当たる」と断じた。[20]

　「……前記事実関係によれば，B社は，A社の発行済み株式の100％を有している親会社であるというのであるから，B社は，A社の役員の人事権等の実権を握ってこれを支配しているものとみることができるのであって，上告人は，B社の統括の下にA社の代表取締役としての職務を遂行していたものということができる。そして，前記事実関係によれば，本件ストックオプション制度は，B社グループの一定の執行役員及び主要な従業員に対する精勤の動機付けとすることなどを企図して設けられているものであり，B社は，上告人が上記のとおり職務を遂行しているからこそ，本件ストックオプション制度に基づき上告人との間で本件付与契約を締結して上告人に対して本件ストックオプションを付与したものであって，本件権利行使益が上告人が上記のとおり職務を遂行したことに対する対価としての性質を有する経済的利益であることは明らかというべきである。そうであるとすれば，本件権利行使益は，雇用契約又はこれに類する原因に基づき提供された非独立的な労務の対価として給付されたものとして，所得税法28条1項所定の給与所得に当たるというべきである。所論引用の判例は本件に適切でない。〔下線は筆者〕」

　「本件に適切でない」とされた「所論引用の判例」は，最高裁昭和56年判決である。労務提供を受ける者（日本子会社）と支給者（外国親会社）とが一致しない特殊な事案での給与該当性が問題になったのが，本件である。弁護士顧問

料事件は，両者の一致がある事件であったので，その「乖離」の問題については何ら言及されていない。ストック・オプション事件のように乖離があったとしても，乖離の議論はされていない最高裁昭和56年判決を前提に給与該当性が否定されることはない，という意味がこめられている。そのことが，調査官解説で説明されている。[21] 妥当性はともかく，その説明の意味は理解できる。

　問題は，この点ではない。上記に挙げた給与概念の3要件のうち，2つめに挙げた従属性要件を示す「指揮命令に服して提供した」という文言が，何のことわりもなく，あてはめの対象となっている規範（給与概念）からそぎ落されている点である。もし，最高裁平成17年判決が，従属性要件を不要だと考えたがためにこのようなそぎ落しをしたのだとすれば，その説明すら判決文に何も書かれていないのであるから，先例が示した課税要件を何らの説明をすることなく変遷させたものとして批判されるべきである。

　しかし，調査官解説をあわせ読むと，最高裁昭和56年判決が示した給与概念を変更したとまでの認識はないことがわかる。[22] あてはめを読んでも，外国親会社が日本子会社を通じた指揮命令を当該役員に行っていたことを認定するふうになっているからである[23]（つまり，従属性要件という言葉は用いていないが，従属性要件を認める理屈を述べている点で，従属性要件が必要であるという最高裁昭和56年判決の規範（課税要件）に変遷を生じさせるものではない，と理解することができる。）。

　エ　最高裁平成27年判決

　最高裁平成17年判決が事例判断のなかで最後にあてはめる対象として述べた給与概念は，権利能力なき社団が元理事長に対する多額の貸付金の債務免除を行った際に，「給与等……の支払」（所得税法183条1項）として源泉徴収義務を負うか否かが争われた債務免除益事件でも，次のように引き継がれている（最高裁平成27年判決）。[24]

　「……所得税法28条1項にいう給与所得は，自己の計算又は危険において独立して行われる業務等から生ずるものではなく，雇用契約又はこれに類する原因に基づき提供した労務又は役務の対価として受ける給付をいうものと解される（最高裁昭和52年（行ツ）第12号同56年4月24日第二小法廷判決・民集35巻

3号672頁，最高裁平成16年（行ヒ）第141号同17年1月25日第三小法廷判決・民集59巻1号64頁参照）。〔下線は筆者〕」

　最高裁平成17年判決と異なり，給与概念についての一般論を述べたうえであてはめを行っている最高裁平成27年判決ではあるが，その規範（課税要件）は，いつの間にか最高裁平成17年判決と同じように，従属性要件がそぎ落されたかのようないい回しになっている。「自己の計算又は危険において独立して行われる業務等から生ずるものではなく」という文言が付加されているが，「使用者の指揮命令に服して提供した」との文言はないからである。この点について最高裁平成27年判決は，最高裁平成17年判決と同様に何らの説明もしていない。

　もっとも，最高裁平成27年判決は，従属性要件を不要と考えたがために上記文言がそぎ落された判決であると理解するべきではない。そもそも，役員報酬は給与所得にあたると考えられている。債務免除によって与えた利益が「給与等の支払」として源泉徴収すべきか否かが争点であり，この事案で従属性要件（指揮命令関係）の有無は問題とされていなかったからである。[25]

　つまり，最高裁平成17年判決・最高裁平成27年判決は，先例である最高裁昭和56年判決と整合的に読まれるという前提に立てば（そもそも，両判決で最高裁昭和56年判決の規範を変更するとの説明は全くなされていない。），「非独立的な」ないし「自己の計算又は危険において独立して行われる業務等から生ずるものではなく」という文言に「独立性がない＝従属性がある（指揮命令関係がある）」という意味を読み込むことで，先例は変更されていないと考えればよいのである。

　オ　東京高裁平成25年判決

　このように読む限り，最高裁の3つの判決相互には矛盾もなければ変遷もないといえる。問題になるのが，塾講師家庭教師事件の東京高裁平成25年判決である。[26]同判決は，次のように，明確に最高裁昭和56年判決（先例）及びその後の裁判例が規範（課税要件）と捉えてきた従属性（指揮命令関係）を，給与所得の要件ではないと断じたからである。

　これが最高裁判決であれば，先例が示した給与概念を判例変更の手続をとる

ことなく変遷させたものとして，強く非難されるべきと考えるが，微妙なこと
に最高裁はこの東京高裁平成 25 年判決を不受理としてしまった。[27]

「イ　給与所得該当性の判断枠組み

(ア)　控訴人は，従属性が給与所得に該当することの必要要件である旨主張す
る（前記第 2 の 3 （1）ア）。

しかし，最高裁昭和 56 年判決（弁護士の顧問料収入による所得が事業所得に当
たるとした最高裁昭和 56 年 4 月 24 日第二小法廷判決・民集 35 巻 3 号 672 頁），最
高裁平成 13 年判決（民法上の組合の組合員が組合の事業に係る作業に従事して支
払を受けた収入に係る所得が給与所得に当たるとした最高裁平成 13 年 7 月 13 日第
二小法廷判決・裁判集民事 202 号 673 頁）及び最高裁平成 17 年判決（米国法人の
子会社である日本法人の代表取締役が親会社である米国法人から付与されたストッ
クオプションを行使して得た利益が給与所得に当たるとした最高裁平成 17 年 1 月 25
日第三小法廷判決・民集 59 巻 1 号 64 頁）は，当該所得が給与所得に該当するか
どうかに関し，これを一般的・抽象的に分類すべきものではなく，その支払（収
入）の原因となった法律関係についての当事者の意思ないし認識，当該労務の
提供や支払の具体的態様等を考察して客観的，実質的に判断すべきことを前提
として，それぞれの事案に鑑み，いわゆる従属性あるいは非独立性などについ
ての検討を加えているものにすぎず，従属性が認められる場合の労務提供の対
価については給与所得該当性を肯定し得るとしても（したがって，そのような観
点から従属性を示すものとされる点の有無及び内容について検討するのは何ら不適
切なものではない。），従属性をもって当該対価が給与所得に当たるための必要
要件であるとするものではない（最高裁昭和 56 年判決及び最高裁平成 17 年判決
の各判示につき引用に係る原判決の「第 3　当裁判所の判断」中の 1 （1）のア及び
イ）。そして，給与所得に該当することが明らかな国会議員の歳費や会社の代
表取締役の役員報酬・役員賞与などは，それらの者の労務の提供が従属的なも
のとはいい難く，従属性を必要要件とする解釈は，歳費及び賞与を給与所得と
して例示列挙する所得税法 28 条 1 項の解釈として採り得ない（控訴人が挙げる
職務専念義務などによって従属性における指揮命令関係を直ちに肯定することはで
きない。）。

控訴人が引用する下級審の裁判例及び学説等（甲 37，39〔東京地裁昭和 43 年
4 月 25 日判決・行集 19 巻 4 号 763 頁〕，56〔京都地裁平成 11 年（行ウ）第 27 号・
平成 14 年 9 月 20 日判決〕，57，60 ～ 62，65，乙 21）の中には，従属性が給与所得
に該当するための必要要件であるかのように説くものがあるが，それらは上記
各最高裁判決を正解しないものといわざるを得ない。

　したがって，控訴人の上記主張は，採用することができない。〔下線及び傍点
は筆者〕」

　この東京高裁平成 25 年判決は 1 つの裁判例に過ぎないが，先例である最高
裁昭和 56 年判決の給与概念を変容させるものである。

　(2)　変容を引き起こしたと考えられる要因

　では，なぜ，最高裁昭和 56 年判決が示した給与概念（先例）が，東京高裁平
成 25 年判決では，変容されてしまったのか。

　筆者は，この東京高裁平成 25 年判決の納税者側代理人を担当しており，第
1 審（東京地裁）[28]で，東京地裁の行政部の事件としてはあまり開かれることの
ない進行協議期日が開かれたことを記憶している。それはこの訴訟が提起され
てから 1 年以上経過してからであったが，裁判長より「最高裁平成 17 年判決
の調査官解説を読んだところ……」といった示唆が，当事者双方の代理人にあ
った。それは，原告，被告ともに最高裁昭和 56 年判決を前提に主張を展開し
ているが，最高裁平成 17 年判決を前提に議論し直してもらえないか，といっ
たものであった。

　そこで，最高裁平成 17 年判決の調査官解説をみると，次のような説明がな
されている。まず，「本判決は，……その判文にかんがみれば，給与所得の意義
につき一般的な法理を述べたものとまで理解することはできないであろう[29]。」
と注釈に述べられている。それにもかかわらず，所得税法 28 条 1「項に具体
的に例示されている俸給等の内容から帰納的に給与所得の意義を把握すれば，
給与所得とは，『雇用契約又はこれに類する原因に基づき提供された非独立的
な労務の対価としての給付に係る所得』ということができる[30]」として，判決文
にはあてはめの対象としてのみ突如記されていた給与概念が説明されている
（上述のとおり，ここでは「使用者の指揮命令に服して提供した」という従属性要件

を示す文言がそぎ落されている。）。

さらに，注釈では，次のような指摘までなされている。「給与所得の要件として，その基因となる労務提供の従属性，すなわち，当該労務が使用者の指揮命令を受けて提供されるものであることを要すると説かれることがあるが（本件の第1審判決も，その判文上は，このような考え方に立っているように解される。），労務提供の従属性は，当該労務の対価が給与所得に当たるための必要要件ではない。[31]〔下線は筆者〕」

この説明を読んだ裁判所が，先例（最高裁昭和56年判決）が示した給与概念を「従属性要件は不要である」という理解で変容させたということになると，最高裁の判決文には何ら示されていない調査官解説の注釈の説明が，最高裁判決が示した先例を変遷させたことになるが，許されるのだろうか。判決文には記載されていない調査官解説の説明が，最高裁判決の一内容であるかのように読み取られて，その後に下級審の判断に事実上の影響力を与えることの当否である。

(3) 調査官解説が判決に影響を与えた他の事例

似たような例は，税務訴訟では他にもある。銀行が行った外国税額控除を否認した更正を濫用事例であるとして適法と判断した最高裁平成17年12月判決（外国税額控除事件[32]）である。同判決では，当時の法人税法69条の規定には外国税額控除の適用を制限できる旨の明文がなかったにもかかわらず，濫用であるとして同条の適用を制限する限定解釈が行われた。この点について，租税法律主義（憲法84条）違反ではないか，という論点もあるのであるが，最高裁は何ら言及をしなかった。

しかし，最高裁平成17年12月判決の調査官解説をみると，その注釈に，次のような説明がなされている。すなわち，下記の最高裁平成15年判決の調査官解説を引用したうえで「本件についても，上記のように『憲法84条が規定する租税法律主義は，租税の賦課，徴収が，法律の根拠に基づき，法律に従って行われなければならないとする原則であり，私人にとって将来の予測を可能にし，法的安定を確保することを目的とする。そうすると，租税法規が適用されて租税の賦課，徴収が行われるべきことが明らかな場合であるならば，租税

35

法規を適用しても，憲法違反の問題を来たすものではない』と考えるならば，本件取引の当事者は，外国税額控除制度の趣旨目的を十分に理解した上で，その余裕枠があることを奇貨として，本件取引を仕組んだものであり，法人税法69条1項の規定は本件取引には適用されないという限定解釈をして同規定を適用しないこととしても，憲法違反の問題を来たすものではないと考えられる³³⁾。〔下線は筆者〕」と述べられている。

　しかし，この理由として挙げられている最高裁平成15年判決（一括支払システム事件）の判決文をみると³⁴⁾，同判決にもじつはこの点の言及はされておらず，その調査官解説に「憲法84条が規定する租税法律主義は，租税の賦課，徴収が，法律の根拠に基づき，法律に従って行われなければならないとする原則であり，私人にとって将来の予測を可能にし，法的安定を確保することを目的とする。そうすると，租税法規が適用されて租税の賦課，徴収が行われるべきことが明らかな場合であるならば，租税法規を適用しても，憲法違反の問題を来たすものではないと考えられる。〔略〕本件合意の当事者は，本件合意が法24条5項の趣旨に反するものであり，本件合意が無効とされれば同項が適用されるべきことを認識していたということができる。本件では，憲法84条違反の問題は，前提を欠くものと考えられる³⁵⁾。〔下線は筆者〕」と説明されているに過ぎない。

(4) 課税要件の明確性

　このように，最高裁判決では何ら説明されていないが，その調査官解説の注釈などにある説明内容が，後の類似論点が問題になった事例に影響を与えることは，そもそも調査官個人の私見に過ぎないはずの文献が最高裁判決と同じ効力をもつことにならないかという一般的な問題を引き起こすだけでなく，本稿が扱う税務訴訟においては，租税法律主義との関係も考えなければならないであろう。

　最高裁判決（先例）によって示された規範（課税要件）が，判例変更の手続を経ずに（そればかりか後の最高裁判決で説明されることすらなく）変容されることがあるとすれば，租税法律主義の趣旨に反し許されないと考えるべきことは上述した。しかし，このように調査官解説に記された説明が判例と同じように尊

36

重され，後の判断に影響を与えている事実を直視すれば，その変容は調査官解説の説明が引き起こしているという別の問題にもつながるのではないか。つまり，判例（判決）ではない，調査官解説の説明（注釈を含む）に，規範的意義を認めることにならないか，という問題も含まれているのではないか。

この点については，あまり議論がされない部分でもあるため，本稿では問題提起にとどめ，次に，税務判例にみられる「税法解釈の方法」についての特色についても簡潔に述べる。

2　税法解釈の方法―文理解釈とそれ以外の解釈の分岐点

税法解釈においては，対象となる法が侵害規範であり，租税法律主義の下で，課税に対する予測可能性及び法的安定性の要請が強く働くため，厳格解釈が求められ，拡張解釈や類推解釈は慎まれるべきと考えられている（文理解釈の原則）[36]。税法学以外の法学者からも誤解されがちであると思われるが（したがって裁判官からも誤解されることがしばしばある。），一般の法における予測可能性や法的安定性の要請よりも，税法におけるそれらの要請は高度であり，したがって，文理解釈の原則も他の法におけるそれよりも高度で強固なものとして求められる。この点に，税法解釈の特殊性がある。

この点は，近時の最高裁平成 27 年判決（固定資産税等賦課徴収懈怠違法確認事件）でも，次のとおり確認されている[37]。

「憲法は，国民は法律の定めるところにより納税の義務を負うことを定め（30 条），新たに租税を課し又は現行の租税を変更するには，法律又は法律の定める条件によることを必要としており（84 条），それゆえ，課税要件及び租税の賦課徴収の手続は，法律で明確に定めることが必要である（最高裁昭和 55 年（行ツ）第 15 号同 60 年 3 月 27 日大法廷判決・民集 39 巻 2 号 247 頁参照）。そして，このような租税法律主義の原則に照らすと，租税法規はみだりに規定の文言を離れて解釈すべきものではないというべきであり（最高裁昭和 43 年（行ツ）第 90 号同 48 年 11 月 16 日第二小法廷判決・民集 27 巻 10 号 1333 頁，最高裁平成 19 年（行ヒ）第 105 号同 22 年 3 月 2 日第三小法廷判決・民集 64 巻 2 号 420 頁参照），このことは，地方税法 343 条の規定の下における固定資産税の納税義務者の確定

においても同様であり，一部の土地についてその納税義務者を特定し得ない特殊な事情があるためにその賦課徴収をすることができない場合が生じ得るとしても変わるものではない。〔下線は筆者〕」

しかし，最高裁平成 27 年判決の下級審では類推解釈により固定資産税の納税義務者が認定されていた。[38] また，上記引用判決で参照されている最高裁昭和 48 年判決（東京産業信用金庫事件）の事案においても，最高裁平成 22 年判決（ホステス源泉徴収事件）の事案においても，下級審では最高裁と異なり文理解釈ではない解釈が行われていた。[39]

それを，いずれも，最高裁が税法における文理解釈の原則（厳格解釈の要請）を示し，原判決の誤りを正している。これは，平成 22 年判決で文理解釈の原則が示された後においても変わらなかったということであり，現在においてもなお下級審では税法における文理解釈の原則が，税法以外の法一般における文理解釈の原則と同程度のものとしか理解されていないことを示す証左といえよう。逆にいえば，最高裁は税法解釈の方法の特殊性を理解している，ということもできる。この点は救いであるが，下級審レベルでも文理解釈の原則が徹底されるようにならなければ，最高裁までいかないと是正されない状態が続いてしまい，納税者の権利救済の観点から妥当ではない。

なお，筆者は，税法解釈の原則である「文理解釈の原則」から開放され，例外的に条文の文言にはない趣旨目的を考慮した「趣旨解釈」が許容されるのは，①文理解釈によっては規定の意味内容を明らかにすることが困難な場合と，②文理解釈によって規定の意味内容を明らかにすることは可能な場合でも，その帰結（結論）が明らかに不合理である場合であると考えている。この点は，「税法解釈のあり方―文理解釈は正しいのか」でさまざまな判例を詳細に検討したうえで述べたところである。[40]

3 　判決文の記載―当事者の主張について

以上の点と比べると些末な議論になるかもしれないが，最近の税務訴訟では，当事者の主張を別紙につけて判決書が膨大（数百ページ）になる例がみられる（筆者の税務訴訟代理人としての経験による。）。これは第 1 審で弁論が終結すると，

双方の代理人に裁判所に提出した全準備書面のデータの提出を任意であるが求め，これをコピー＆ペーストするかたちで，当事者双方の主張を要約するというより網羅して全面掲載する裁判所の試みにより生じた状況である。

確かに，税務訴訟の代理人を経験した者からすると，当事者の主張が簡潔に要約された判決文には実際に行った主張が反映されていないと感じることがある。当事者の主張漏れないし不正確な要約のリスクを考慮した場合，こうしたデータ提出によるコピー＆ペースト方式には意味があるのかもしれない[41]。

判決書が膨大な量になることの是非は，複雑な法解釈が争われる税務訴訟の特色ともいい得るものであるため，この点についても議論があってしかるべきと考える。

Ⅳ　審査請求のあり方

最後に審査請求のあり方について，簡潔に指摘しておきたい。

1　事実認定のルールが不明瞭

民事訴訟法では弁論主義（当事者主義）が採られており，自由心証主義を原則とした証拠法のルールに基づく事実認定が行われ，これらは行政訴訟である税務訴訟にも妥当する。

これに対し，同じ問題を扱うにもかかわらず，不服申立てが強制され審理を求めざるを得ない審査請求においては職権主義が原則として採られており，事実認定についてのルールを定めた規定がない。

2　検証できない証拠による事実認定

謄写（書類の写しの交付）請求が認められた平成26年改正によって改善されはしたが，未だ制限がある点から[42]，審判所が審理する全ての証拠の内容を正確には検証できないままに，裁決が下される（審査請求段階で提出する反論書等で検証し切れていない証拠を前提に，裁決で事実の認定がなされる）という問題がある。

審査請求は職権主義であり，当事者主義的な二当事者対立の原則があるわけ

ではないから審理の構造上の問題としてやむをえない，という声もあるかもしれない。しかし，冒頭にも述べたとおり，審査請求はそれのみで完結するものではなく（完結するのは認容された場合で，この場合に納税者にとって不利益は生じない。），棄却されれば，次のステージとして税務訴訟に進むことになる。その際に，事実関係を整理するために前置するといいながら，前置された審査請求における裁決の事実認定が，納税者（請求人）が把握できない資料（証拠）により認定されるのは，不意打ちになるのはもちろん，その後に戦うべき税務訴訟にも影響を与えかねない。

3 反対尋問の機会のない供述証拠による事実認定

担当審判官による審理のための質問（国税通則法 97 条 1 項 1 号）で得られた回答も，審査請求では証拠として使われる。税務訴訟であれば裁判官が当事者のいない場で関係者の話を聞きそれが証拠になるということはあり得ず，反対尋問の機会が与えられる尋問を経てあらわれたもののみが証拠になるが，それと異なる。

この点も，職権主義という審理構造の問題だからといえばそれまでであるが，上述のとおり，その後に進むことになる税務訴訟での事実認定では反対尋問の機会が与えられるのと異なり，違和感が否めない。もちろん，税務訴訟になれば客観証拠が不足しており，認定されにくい納税者に有利な事実が関係者の発言により認定される可能性も審査請求にはある。この点では納税者に有利に働く場合もあるが，同時に逆の場合もある。逆の場合を考えれば，やはり問題があるといわざるを得ない。

V まとめ

以上，税務訴訟の現状と課題について，課税要件の解釈のあり方などを中心に課題と考えられる点を種々指摘した。特に，給与概念の変遷のような先例の規範性については，今後多くの場面で議論されることが必要ではないかと考える。前置が強制される不服申立てについても，平成 26 年改正で果たして十分といえるのか，更なる制度改革が検討されるべきである。

注

1) 2003年（平成15年）10月から2015年（平成27年）3月までの約12年間，筆者は弁護士として税務訴訟に携わってきた。その経験を踏まえ，税務訴訟の法律実務を体系書にまとめたことがある（木山泰嗣『税務訴訟の法律実務〔第2版〕』（弘文堂，2014年））。

2) そうした観点をやや大きなテーマにまで引き上げて，2015年（平成27年）4月に研究者に転身した後，2本の論文を執筆した（木山泰嗣「給与概念の確立と変容」青山法学論集57巻4号（2016年）115頁，同「税法解釈のあり方—文理解釈は正しいのか」青山法学論集58巻2号（2016年）73頁）。本稿のテーマはこれらの論文で扱った議論をベースにしている。

3) 国税庁「平成27年度における訴訟の概要」（平成28年6月〔報告時における最新のデータである。〕）。

4) 国税庁・前掲注3）の「訴訟の発生状況」によれば，直近10年の状況は順に，401件（平成18年度），345件（平成19年度），355件（平成20年度），339件（平成21年度），350件（平成22年度），391件（平成23年度），340件（平成24年度），290件（平成25年度），237件（平成26年度），231件（平成27年度）となっている。

5) 国税庁「平成27年度における異議申立ての概要」（平成28年6月）の「異議申立ての状況」によれば，4301件（平成18年度），4690件（平成19年度），5359件（平成20年度），4795件（平成21年度），5103件（平成22年度），3803件（平成23年度），3424件（平成24年度），2358件（平成25年度），2755件（平成26年度），3191件（平成27年度）という件数の推移があり，平成22年度の5103件をピークに，平成24年度以降は2000～3000件にとどまっている（なお，平成28年4月1日以降になされた処分を争う場合には「再調査の請求」に名称が変更されているが，このデータ時はいずれも「異議申立て」のデータである。）。

6) 国税不服審判所「平成27年度における審査請求の状況」の「審査請求の状況」によれば，2504件（平成18年度），2755件（平成19年度），2835件（平成20年度），3254件（平成21年度），3084件（平成22年度），3581件（平成23年度），3598件（平成24年度），2855件（平成25年度），2030件（平成26年度），2098件（平成27年度）という推移であり，平成24年度の3598件をピークに，平成25年度以降は2000件台にとどまっている。

7) 国税庁・前掲注3）の「訴訟の終結状況」によれば，直近10年の状況はこれも順に，17.9%（平成18年度），14.2%（平成19年度），10.7%（平成20年度），5.0%（平成21年度），7.6%（平成22年度），13.4%（平成23年度），6.3%（平成24年度），7.3%（平成25年度），6.8%（平成26年度），8.4%（平成27年度）となっている。

8) 国税庁・前掲注5）の「異議申立ての処理状況」によれば，異議申立ては，順に10.2%（平成18年度），11.2%（平成19年度），8.8%（平成20年度），11.8%（平成21年度），10.0%（平成22年度），8.3%（平成23年度），9.9%（平成24年度），10.0%（平成25年度），9.3%（平成26年度），8.4%（平成27年度）と，過去10年における認容率に大きな変化はみられない。

9) 国税不服審判所・前掲注6）の「審査請求の処理状況」によれば，審査請求は，順に，12.3%（平成18年度），12.7%（平成19年度），14.7%（平成20年度），14.8%（平成21

年度），12.8％（平成 22 年度），13.6％（平成 23 年度），12.8％（平成 24 年度），7.7％（平成 25 年度），8.0％（平成 26 年度），8.0％（平成 27 年度）と，直近 10 年において，平成 18 年度～平成 24 年度の 7 年間（12 ～ 14％台）と平成 25 年度以降の 3 年間（7 ～ 8 ％台）での格差が顕著となっている。

10) 平成 23 年改正国税通則法（平成 23 年法律第 114 号）は，平成 25 年 1 月 1 日から施行された。

11) 平成 23 年改正国税通則法施行後の法人税の実地調査件数は，9 万 3000 件（平成 24 事務年度）で，平成 23 事務年度（12 万 9000 件）から 28. 4 ％減となった（国税庁「平成 24 事務年度　法人税等の調査事績の概要」平成 25 年 10 月）。

12) 改正行政不服審査法（平成 26 年法律第 68 号），「行政不服審査法の施行に伴う関係法律の整備等に関する法律」（平成 26 年法律第 69 号）による国税通則法の改正。

13) 木山・前掲注 2)。

14) 木山・前掲注 2)。

15) 木山・前掲注 2)〔給与概念の確立と変容〕では，「民事訴訟の議論としては，厳密には判例変更が必要な主論ではないとの帰結にいたるのかもしれないが，給与概念は課税要件の根幹をなすものであり，納税者に対する予測可能性の保障をするために，厳格解釈が要請される税法解釈（租税法律主義）であるという特殊性は考慮されなければならないであろう。」と述べた（153 頁）。

16) 東京高裁判事をつとめられた後，東京大学大学院法学政治学研究科教授を経て，現在法政大学大学院法務研究科教授である土屋文昭教授には，『民事裁判過程論』（有斐閣，2015 年〔単著〕），『ステップアップ民事事実認定』（有斐閣，2010 年〔共著〕）などの業績がある。

17) 最判昭和 56 年 4 月 24 日民集 35 巻 3 号 672 頁。

18) 後述の東京高判平成 25 年 10 月 23 日税資 263 号順号 12319 について，「この判決の判断枠組みは，前掲弁護士顧問料事件・最判が定立した規範をいわゆる『一応の基準』に『格下げ』するものであり，妥当でない」との指摘がある（谷口勢津夫『税法基本講義〔第 5 版〕』（弘文堂，2016 年）273 頁）。

19) 最高裁昭和 56 年判決後に，所得税法 28 条 1 項の改正はなされているが，雑所得として課税することになった「年金」「恩給」が削除され，同時に同法 29 条に存在したみなし給与所得の規定も削除されたもので，給与概念の本質に影響を与えるものではない（昭和 62 年法律第 96 号による改正）。

20) 最判平成 17 年 1 月 25 日民集 59 巻 1 号 64 頁。

21) 増田稔「判解」最高裁判所判例解説民事篇平成 17 年度（上）（2008 年）52 頁には，「『所論引用の判例は本件に適切ではない。』として論旨を排斥しているのは」，「最二小判〔筆者注：最高裁昭和 56 年判決〕は，労務提供の相手方と給付者のかい離の問題については，何らの判断もしていないものと解するのが相当であ」るからであると説明されている。

22) 増田・前掲注 21) 48 頁には「本判決は，……その判文にかんがみれば，給与所得の意義につき一般的な法理を述べたものとまで解することはできないであろう」と説明されている。

23）「B社は，A社の発行済み株式の100%を有している親会社であるというのであるから，B社は，A社の役員の人事権等の実権を握ってこれを支配しているものとみることができるのであって，上告人は，B社の統括の下にA社の代表取締役としての職務を遂行していたものということができる。」と判示されている。

24）最判平成27年10月8日集民251号1頁。同判決の評釈には，木山泰嗣「判批」青山ビジネスロー・レビュー5巻2号65頁（2016年）頁等がある。

25）ただし，その説明には議論がある（たとえば，佐藤英明「給与所得の意義と範囲をめぐる諸問題」金子宏編『租税法の基本問題』（有斐閣，2007年）404-405頁参照）。

26）東京高判平成25年10月23日前掲注18）。

27）最決平成27年7月7日公刊物未登載。

28）東京地判平成25年4月26日税資263号順号12210。

29）増田・前掲注21）56-57頁。

30）増田・前掲注21）48頁。

31）増田・前掲注21）56頁。

32）最判平成17年12月19日民集59巻10号2964頁。

33）杉原則彦「判解」最高裁判所判例解説民事篇平成17年度（下）（2008年）1004頁。

34）最判平成15年12月19日民集57巻11号2292頁。

35）高世三郎「判解」最高裁判所判例解説民事篇平成15年度（下）（2006年）829頁。

36）金子宏『租税法〔第22版〕（弘文堂，2017年）116頁参照。

37）最判平成27年7月17日集民250号29頁。

38）大阪地判平成25年4月26日判例自治400号46頁，大阪高判平成26年2月6日判例自治400号1頁。

39）東京地判昭和39年7月18日行集15巻7号1363頁，東京高判昭和43年5月29日行集19巻5号948頁，東京地判平成18年3月23日税資256号順号10351，東京高判平成18年12月13日税資256号順号10600。

40）鎌野真敬「判解」最高裁判所判例解説民事篇平成22年度（上）（2014年）136-137頁参照。木山・前掲注2）〔「税法解釈のあり方—文理解釈は正しいのか」〕96頁。

41）この点について，「原告代理人によっては100頁以上の書面を毎回出す者もいます。この点まで踏み込んで記載すると，判決書が当事者の主張で膨大になってしまいます。そこで実際には，『当事者の主張』も相当程度そぎ落されて，要約されている，というのが実情です。もっとも，最近では弁論終結（結審）後に，裁判所から『準備書面等のデータをもらいたい』というお願いがあり，訴状・準備書面といった主張書面すべてのデータを裁判所に渡すことが求められることも多いのです（略）。」と述べたことがある（木山泰嗣『「税務判例」を読もう！』（ぎょうせい，2014年）58頁）。

42）提出された書類については謄写（書類の写しの交付）を求めることができるようになった（平成26年改正）が，第三者の利益を害するおそれがあると認めるときは制限される（国税通則法97条の3第1項）。また，この謄写請求の対象は「提出された書類」であり，担当審判官の作成した書類（質問の回答を録取した調書など）が含まれていない。

1 英国における付加価値税制度の特徴

菊 谷 正 人
（法政大学）

酒 井 翔 子
（嘉悦大学）

I はじめに

英国は 1973 年 1 月に EC（現在，EU）に加盟する予定であったので，「1972 年財政法」（Finance Act 1972）において付加価値税（value added tax：以下，VAT と略す）の採用が明示された後，1973 年の EC 加盟に伴い VAT は 1973 年 4 月 1 日から導入された。VAT 導入以前の英国では，個別間接税として仕入税（purchase tax）・選択雇用税（selective employment tax）が徴収されていた。[1]

仕入税は，1940 年に戦費調達・インフレ対応策として新設され，所得税に比して勤労意欲減退効果が小さいことに期待されていたが，食料品・燃料等の生活必需品や生産者の購入する資本財・中間財に対する課税は免除されていたため，課税対象が狭く，サービスの消費に課税されないという不公平性が懸念され，1966 年に仕入税を補完する形で選択雇用税も採用された。選択雇用税は，サービス業，小売業，その他非製造業に従事する者を課税対象とし，雇用者が従業員数に応じて納付する義務を負った。なお，1971 年に公表されたグリーン・ペーパーにおいて，1973 年の VAT 採用およびそれに伴う仕入税・選択雇用税の廃止が提案されている。[2]

VAT 導入時には，EC 加盟への加盟条件として標準税率（standard rate）は 10% であったが，さらに，英国では食料品・書籍・子供服等の一定の物品・サービス（goods and services）にゼロ税率（zero rate）が採用されている。1974 年 7 月 29 日に標準税率は 8 % に引き下げられたので，1974 年 11 月 18 日には

44

石油に 25% の高率税率（higher rate）が導入されたが，1975 年 5 月 1 日以降には，その他の一定の物品にも適用されている。1976 年 4 月 12 日以降，高率税率は 12.5% に引き下げられ，1979 年 6 月 18 日に標準税率が 15% に引き上げられたのを契機にして，高率税率は廃止された。標準税率は 1991 年 4 月 1 日に再び 17.5% に引き上げられ，さらに，国内燃料等の一定の物品・サービスには 1993 年 12 月 1 日から 8 ％の軽減税率（reduced rate）が採用され，1997 年 9 月 1 日に 5 ％に引き下げられている。2008 年 12 月 1 日から 2009 年 12 月 31 日までの 13 ヵ月間には標準税率は 15% に引き下げられ，再度，2010 年 1 月 1 日から 17.5% に戻され，2011 年 1 月 4 日から現行の 20% に引き上げられた[3]。

このように，英国の VAT 制度の特徴の一つとしては，標準税率・軽減税率・ゼロ税率の複数税率が採択され，標準税率が頻繁に改定されていることである。

なお，英国の付加価値税法は，1978 年に EC 第 6 指令「売上税の調和に関する指令」（Direction on the Harmonization Concerning Turnover Tax）に対応する修正が加えられた後，1983 年の改正を経て，現行法の「1994 年付加価値税法」（Value Added Tax Act 1994：以下，VATA1994 と略す）に至っている[4]。

Ⅱ　課税対象取引および非課税対象取引

1　課税対象取引

わが国の消費税法第 2 条第 1 項第 8 号の規定によれば，消費税の課税対象は資産の譲渡および貸付け並びに役務の提供とされている。これに対し，英国では，課税対象取引にそういった表現は用いず，すべて「供給」（supply）という文言で画一されている。課税対象となる供給には，一部の例外を除いて，英国国内で行われるすべての物品またはサービスの供給が該当する。厳密には，VAT の課税根拠として，①物品またはサービスの供給が存在していること，②免税ではなく課税対象供給であること，③課税事業者による供給であること，④事業遂行上の供給であること等が挙げられている（VATA 1994, Sec. 4 (1)）。つまり，課税事業者による事業遂行過程において，非課税項目あるいはゼロ税率項目（後述される）に該当しない物品またはサービスが英国国内で供給され

る場合に，VAT は課税される。

VATA1994 における事業概念は，「個人所得税」における事業（trade）よりも広範に設定されており，財産の貸付け等，所得税法上の投資活動も事業活動とみなされる。すなわち，事業活動とは，鉱業，農業，知的財産業に係るサービス提供を行い，利益を得るために有形資産あるいは無形資産を継続的に利用することである。

VAT は，一般的に，対価を得たことを理由に課税されるが，取引対象が物品であるか役務であるかによって課税上の取扱いが若干異なる。物品の供給としては，単に物品の所有権が他者へ移転したことを意味する事業用資産の譲渡（50 ポンド以下のコスト行う贈与・試供品の贈与を除く）や所有者・従業員の私用目的で使用される物品の供給も課税対象となる[5]。

一方，物品・事業用資産の譲渡・供給に該当しないもので，対価の受領を伴うあらゆる供給がサービスの提供に含まれる。たとえば，消費者に対して物品を貸し付けたり，事業用に取得した物品を一時的に個人使用する場合，当該物品の所有権は消費者に移転しないため，物品の供給ではなく，サービスの提供として取り扱われる。ただし，サービスの無償提供や事業用自動車の個人使用は課税対象供給とはならない。

2 非課税対象取引

わが国では，国内で「課税対象資産の譲渡等」が行われる限り，国または地方公共団体も納税義務者となるが，国・地方公共団体・公共法人・公益法人等による一定のサービス提供や医療保険各法および社会福祉事業法に基づくサービス提供・資産の譲渡，介護サービス，学校教育等は非課税となる（消法⑥，別表1）。このうち，政策的配慮に基づく非課税取引には，①公的な医療保証制度によるもの，②社会福祉・更生保護事業，③助産，④埋葬・火葬料，⑤身体障害者用物品，⑥一定の学校授業・入学料，⑦教科書，⑧住宅の貸付け等がある。一方，消費税にそぐわない取引には，①土地の譲渡・貸付け，②有価証券等の譲渡，③金融・保険取引等がある。

表1に示されるとおり，英国の非課税項目には，金融・保険・公共サービス

表1　VAT 非課税適用項目

区分グループ	適用対象供給
グループ①	(a)居住用または慈善用の新築・中古建物の販売または 21 年以上リース (b)新築あるいは未完成の商業用建物や建設に使用するための土地 (c)不動産業者が基準税率の課税対象供給の取扱いを選択した場合には，利用済み商業用建物 (d)賭け事や漁業権の譲渡：ホテルや休日の宿泊設備，季節的なキャラバン，キャンプ場：製材権の譲渡：駐車設備，貯蔵設備，航空機・船舶等の保管設備の譲渡，映画館・スポーツ観戦の占有ボックス・座席に関する権利譲渡：スポーツ施設の貸付け
グループ②	保険
グループ③	郵便局によって提供される公共サービス
グループ④	賭博，ゲーム，くじ
グループ⑤	金融サービス（銀行手数料，株式仲介料，保険料）
グループ⑥	学校，大学，専門学校における教育
グループ⑦	健康福祉サービス
グループ⑧	埋葬・火葬サービス
グループ⑨	事業団体（trade unions），専門・公共団体への出資
グループ⑩	非営利団体に対するスポーツ競技会の参加料
グループ⑪	国立美術館等，公認機関への美術品売却
グループ⑫	慈善団体によって組織された募金イベント
グループ⑬	文化的サービス
グループ⑭	仕入税額が返還されない物品供給
グループ⑮	金への投資

出所：Bloomsbury Professional, *Bloomsbury's Tax Rates and Tables 2016-17*, 2016, pp. 134-136 を参考に筆者作成。

等が含まれ，わが国と同様に，公益上，VAT 課税にそぐわないような物品またはサービスの供給，政策的配慮に基づくものが課税対象から除かれる。[6]

Ⅲ　課税事業者と免税点

　VAT 納付義務が課される課税事業者（taxable person）には，個人，パートナーシップ，法人のみならず，事業として物品またはサービスの提供を行うその他事業体も含まれる。利益を得ることを目的とするかどうかにかかわらず，

「物品の供給またはサービスの提供」の有無が基準とされるため，法人化されていない慈善事業団体やクラブも課税対象事業者となる。

　このような課税事業者は，課税対象取引を行う際に「内国歳入関税庁」（Her Majesty Revenue and Custums：以下，HMRC と略す）に対して，売上税額（output tax）に係る帳簿を作成する必要があり，売上帳簿の提出をもって仕入税額（input tax）の返還請求を行うことができる。課税事業者でない者は，物品またはサービスの提供に VAT を課すことはないため，仕入税額の返還請求も行うことができない。[7] 基準年度における課税売上高が 83,000 ポンド（≒10,956,000 円：£ 1 ＝ ¥ 132（2016 年 9 月現在））を超える課税事業者は事業者登録を行わなければならない。事業者登録を行った課税事業者（以下，登録事業者という）には，HMRC から登録番号が発行され，この登録番号をインボイスに記載することにより，売上税の支払義務が生じるとともに，仕入税額の控除請求権が付与される。[8]

　つまり，納税義務者たる課税事業者とは，VATA 1994 に基づき登録する者あるいは登録義務の生ずる者であり，登録事業者となることにより仕入税額控除の適用を受けることができる（VATA 1994, Sec. 3（1）・4（1））。なお，この事業者登録は登録義務の生じた月の月末から 30 日以内に行わなければならない。[9]

　免税点制度に関して，わが国では 10,000,000 円，英国では 83,000 ポンド（≒ 10,956,000 円），例外的に，当月以後の 1 年間において 81,000 ポンド（≒10,692,000 円）以下と見込まれる者を基準としており，金額的には大差ない。表 2 は，主要な EU 諸外国と日本との免税事業者の相違を表している。

　わが国の免税点に関して，平成 16 年（2008 年）の税制改正により，従来の30,000,000 円から 10,000,000 円へと引き下げられた。これにより，諸外国に比して著しく高く設定されていた免税点は，諸外国の基準と足並みを揃える形となっている。

　しかし，課税事業者に関して，わが国では，基準年度（前々年の課税年度）における課税事業者の課税売上高は売上高の実額から課税消費税額控除後の金額とされる一方，免税事業者の課税売上高は売上高の実額とされる（消基通 1-4-5）。つまり，わが国では，基準年度において，課税事業者であるか免税事業者

表2 免税事業者の国際比較

日　　本	英　　国	フランス	ドイツ
基準期間（前々年または前々事業年度）における課税売上高が 10,000,000 円以下の者	当月の直前 1 年間の課税売上高が 10,956,000 円以下，例外的に，当月以後の 1 年間において 10,692,000 円以下と見込まれる者	物品販売・宿泊施設業においては年間売上高が前暦年 8,640,000 円以下かつ，当暦年 9,500,000 円以下である者（その他の業種においては前暦年 3,460,000 円以下かつ，当暦年 3,670,000 円以下である者）	前暦年の年間売上高が 1,860,000 円以下で，かつ，当暦年の年間売上高が 5,300,000 円以下と見込まれる者は免税事業者

出所：財務省 HP（http://www.mof.go.jp/tax_policy/summary/consumption/116_1.htm）。
　　　2016 年 9 月 5 日訪問および Bloomsbury Professional, *Bloomsbury's Tax Rates and Tables 2016-17*, 2016, p. 137 を参考に筆者作成。

であるかによって，異なる課税売上高の計算方法が採られる。これに対し，英国ではそのような計算に差異を設けていない。課税事業者であるか免税事業者の判断基準として，事業規模を表す売上高を用いるのであれば，課税事業者であるか免税事業者であるかにかかわらず，すべての事業者に対して売上総額を基準に判断を行う必要がある。[10]

　なお，英国における基準期間は，原則として当月の直前 1 年間であるが，わが国の基準期間は前々暦年または前々事業年度である。フランス・ドイツでは，前暦年と当暦年における年間売上高の組合わせが免税事業者の対象条件となっている。わが国のように 2 年前の課税売上高を採用すれば，直近の経済状態からは乖離するので，EU 諸国と同様に，前年または当年に基準年度を改めるべきであろう。

Ⅳ　インボイス方式

　付加価値税の算定方法として「仕入税額控除法」（前段階税額控除法）を採用する場合には，売上税額の適正な把握が要求される。「仕入税額控除法」は，(a) 仕入に含まれる付加価値税を税額票（tax invoice）または請求書等に明記することを条件に仕入税額控除を認める「インボイス方式」(invoice method)，(b)会計帳簿等に記載された売上高に付加価値税率と乗じることにより，仕入税額控除を認める「帳簿方式」(account method) に大別される。

英国では，「インボイス方式」が採用され，課税事業者によるインボイスの発行が義務付けられている。インボイス発行の目的は取引証拠を文書（税額票等）によって提示することであり，下記①から⑧の事項を記載したインボイスの発行により，課税事業者は供給に係る仕入税額の返還請求が認められる。[11]

① インボイス番号，日付，課税時点
② 名前，住所，供給者のインボイス番号
③ 顧客の名前，住所
④ 各インボイス品目，供給された物品・サービスの説明
⑤ 物品数，サービスの程度，1単位当たりの価格，VAT課税前の支払額，VAT率
⑥ VAT課税前の合計金額
⑦ 現金割引率
⑧ VAT課税対象総額

なお，取引相手が課税事業者ではなく，免税事業者である場合には，インボイスの発行有無は事業者の判断に委ねられ，インボイスを発行する場合の記載事項は下記①から⑤の内容で足りる。

① 名前，住所，小売業者のVAT番号
② 課税点
③ 供給された物品・サービスの説明
④ 顧客から支払われた合計金額（VAT額を含む）
⑤ VAT率，支払総額，適用VAT率

　わが国の消費税法と同様に，英国の付加価値税法においても，帳簿の保存義務が規定されており，すべての課税事業者は，HMRCの指定する下記①から⑤のような会計記録（accounting records）を6年間（HMRCの認容がある場合には6年以下の期間）保存しなければならない。HMRCは，これらすべての帳簿記録に関するVAT記録の提示・取引証書の調査を課税事業者に対して要求することができる。[12]

① 取引・会計記録（注文書，配達記録，取引通知，購買帳簿，現金帳簿，その他会計帳簿，領収書，銀行取引明細，入金伝票，年次財務諸表）

50

② VAT 帳簿

③ 発行インボイスのコピー

④ 電話通話，駐車料金，自動販売機での購入に関して，支払金額が 25 ポンド以下であればインボイスの発行は要求されていないが，すべての受取インボイス

⑤ 輸出入に関する記録

ただし，インボイスがなくても，その代替的文書が保存されていると HMRC が認める場合には，仕入税額控除が認められる（VATA 1994, Sch. 2 (a)）。この代替的文書とは，具体的にどのようなものを示すのかについて明確にされていないため，HMRC の判断如何によって仕入税額控除の可否が決定されることになる。

V　複数税率の設定

EC 第 6 指令の修正版である 2006 年理事会指令では，(1)標準税率を 15% 以上にすること，(2)軽減税率は 2 段階までとすること，(3)軽減税率は 5% とし，適用対象を一定の物品・サービスに限ること，(4)軽減税率は 2 年ごとに見直すこと等が基本方針として規定されている。[13]

現在，英国の VAT 標準税率は 20% に設定されており，わが国の消費税率 8% と比較しても，かなりの高税率である。その一方，低所得者層への配慮等，社会的・政策的観点から，VAT における累進性・公益性の充実を図るために，20% の標準税率以外に 5% の軽減税率項目・ゼロ税率項目が設けられている。このゼロ税率の設定が英国付加価値制度の特徴であり，逆進性への配慮が大幅に実現されている。そのため，英国のゼロ税率項目は，長らく EU 諸外国から EU 指令を逸脱しているとの批判を受けてきた。[14]

表 3 では，軽減税率項目とゼロ税率項目がグループごとに区分されているが，5% の軽減税率項目に該当する物品またはサービスの供給には，家庭用または慈善事業への燃料，環境・健康関連物品が該当し，ゼロ税率項目の物品またはサービスの供給には，食料品全般や医薬品，水道・下水など，生活に必要最低限必要な物品・サービスが含まれている。

51

表 3　VAT 軽減税率・ゼロ税率適用項目

税率区分　課税対象	区分グループ	適用対象供給
軽減税率項目	グループ①	家庭用あるいは慈善事業用のために供給される燃料・動力
	グループ②	省エネ機械の設置
	グループ③	暖房・防犯設備の設置
	グループ④	女性のサニタリー製品
	グループ⑤	車の子供用座席，座席の土台
	グループ⑥	転居
	グループ⑦	住宅の改築・修築
	グループ⑧	避妊製品
	グループ⑨	国家に規制された個人福祉団体または慈善団体による福祉に関するアドバイスや情報
	グループ⑩	お年寄りのための訪問介護
	グループ⑪	禁煙製品
ゼロ税率項目	グループ①	食品（贅沢品・ケータリング以外）
	グループ②	水道・下水サービス（事業用に用いるものを除く）
	グループ③	書籍，新聞，旅行誌（文房具を除く）
	グループ④	盲目者・障害者用の書籍・ワイヤレスセットの購入
	グループ⑤	居住用・慈善事業用の新築建物，居住用のための改造・転換された中古建物の販売・21 年以上の賃貸
	グループ⑥	居住用・慈善事業用のための再構築された防犯用建物の販売・21 年以上の賃貸
	グループ⑦	特定の国際サービス
	グループ⑧	乗客の移動（遊覧移動および 10 席以下の乗物による移動は標準税率による）
	グループ⑨	特定のキャラバン・住宅船
	グループ⑩	中央銀行から他の中央銀行・ロンドン金市場メンバーへの金の供給
	グループ⑪	記帳
	グループ⑫	薬・医薬品
	グループ⑬	輸出
	グループ⑭	EU 圏外の人に対する販売を行う免税店

出所：Bloomsbury Professional, *Bloomsbury's Tax Rates and Tables 2016-17*, 2016, pp. 134-136 を参考に筆者作成。

しかし，ゼロ税率項目と標準税率項目・軽減税率項目との判別は困難である。たとえば，ゼロ税率の適用・不適用食料品の判別は，「贅沢品であるか否か」あるいは「外食であるか否か」を基準に行われるようであるが，こうした判別方法は極めて不明瞭であり，限定列挙するとしても相当煩雑である[15]。ゼロ税率の適用対象となる食料品に関して，同じヨーグルトでも普通のヨーグルトにはゼロ税率，フローズンヨーグルトには標準税率が適用され，飲料にしても，オレンジジュース・ボトル飲料水は標準税率，牛乳，コーヒー，紅茶，ココアはゼロ税率の対象となる等，その判別は複雑である。主なゼロ税率対象外物品としては，冷凍菓子（アイスクリーム，フローズンヨーグルト，氷等），チョコレートでコーティングされたビスケットやケーキ，アルコールが挙げられている。また，購入した食品を店舗内で消費する「外食」には標準税率が適用され，同じテイクアウト用でも暖かい食べ物は標準税率，冷たい食べ物にはゼロ税率が適用されている。

Ⅵ　仕入税額算定および税額申告法

1　原則的方法—実額による算定・定期的申告法

売上税額が仕入税額を上回る場合にはVAT不足額をHMRCに納付し，仕入税額が売上税額を上回る場合にはHMRCから還付を受けることになるため，登録事業者はHMRCに対して，仕入税額・売上税額の金額を記載した申告書を定期的に提出する必要があり，VATの申告期限は課税年度末から1月以内とされる。

2010年4月1日時点で既に登録されている事業者・課税年度の課税売上高が100,000ポンドを超えない事業者を除く事業者には，2010年4月1日以後に開始する課税年度においては電子申告が義務付けられている。供給の大半がVAT還付を受けるようなゼロ税率供給を主に行う登録事業者は，4半期ではなく毎月のVAT申告書提出を選択することができる[16]。

4半期申告を行い，年間VAT債務が2,000,000ポンドを超える登録事業者は，毎月，HMRCに対して支払帳簿（payment on account）を作成しなければならない。1回目の申告は4半期末前の1ヵ月間に行われ，2回目の申告は4半期

末に行わなければならない。残額の納付は 4 半期末後の 1 ヵ月間に行われ，すべて電子申告により行われなければならない。1 回目および 2 回目の納付は当該登録事業の前年度における VAT 総額に 1/24 を乗じて算出される。

2 代替的例外方法

(1) 現金会計法—現金主義による定期的申告

年間の課税売上高が 1,350,000 ポンド以下であり，前 12 ヵ月以内に不正・租税回避の VAT 違反により罰科金を課されていない登録事業者は，現金会計法（cash accounting scheme）を選択することができる。現金会計法を採用する事業者は，顧客から支払いを受けた課税年度の売上税額に係る会計帳簿を作成し，取引先に支払った課税年度における仕入税額の返還請求を行う。現金会計法を採用する場合には，顧客から実際に支払いを受けるまで HMRC に対する売上税額の支払いを延期することができる一方で，仕入税額は実際に供給者への支払いが行われるまで返還請求することができない。[17]

課税売上高が 1,600,000 ポンドを超える場合には，当該課税年度末に現金会計法は適用されないが，売上高の好調が一時的なものであり，次年度では 1,350,000 ポンドを超えないことが証明される場合には，現金会計法は継続できる。[18]

(2) 年次会計法—予定納付と年 1 回申告

次年度の課税売上高が 1,350,000 ポンドを超えないことが予想される事業者は年次会計法（annual accounting scheme）を採用することができ，毎年 1 回の VAT 申告書を提出する。[19] 年次会計法を採用する事業者は，前年度の VAT 債務の 10% 相当額を 9 ヵ月間にわたって HMRC に予定納付することになるが，選択によっては，4 ヵ月ごとに年間 3 回の予定納付で済ませることができる。4 ヵ月ごとに納付する場合の各予定納付額は前年度の 25% に相当する金額となる。

年次会計法を初めて採用する事業者，あるいは，登録後 12 ヵ月が経過していない事業者は第 1 回目の中間納付については当該年度の予想 VAT 債務に基づいて行う。最終的な年次申告は，残額の VAT 債務とともに年度末に行われ

54

る。年次会計法には，各年度の VAT 申告回数の削減と現金収支の予測可能性が高まるといった利点がある。[20]

(3) 小規模事業者に対する定率法—簡易課税制度

この仕入税額算定制度は，次年度の課税売上高が 150,000 ポンドを超えないことが予想される小規模事業者に対しては，総売上高に対して「一定割合」（わが国における「みなし仕入率」に該当する）を乗じることにより納付 VAT 額を算出する定率法（flat-rate scheme）が設けられている。定率法を採用する場合の各課税年度における VAT 額は該当課税年度の VAT 込売上高に対して一定割合を乗じて算出され，算出金額がそのまま当該事業年度の納付額となる。わが国における簡易課税制度に該当する。

適用される割合は取引部門に応じて決定され，適用税率幅は 4 ％〜 14.5% である。VAT 込みで 2,000 ポンド程度の資本的資産を取得した際の仕入税額に関しては，通常の方法による仕入税額税控除が認められ，当該資産に係る売上税は最終的な資産処分時に計上される。なお，定率法を採用する日に終了する課税年度で VAT 込みの所得が 225,000（2011 年 1 月 4 日以後は 230,000）ポンドを超える場合には定率法は適用できない。

(4) 農業事業者に対する定率法

農業事業者は，基本的にゼロ税率取引業者であるが，課税対象供給を行い，VAT 登録を完了すれば，VAT 納付義務が生じるとともに，当該課税対象供給に係る仕入税額の返還を受ける。税務執行コストの削減という見地から，農業事業者に対しても定率法が設けられており，課税売上高にかかわらず定率法の採用が認められている。

ゼロ税率取引業者である農業事業者は，VAT 登録の代替方法として，定率法を採用することにより，仕入税額の返還機会を喪失することになるため，農業事業者が VAT 登録事業者に対して物品またはサービスの供給を行う場合には，販売価格に 4 ％の一定割合を上乗せして供給することが認められている。この場合，割増額は通常取引の仕入税額に相当するため，課税事業者が定率法を採用する農業事業者からの物品またはサービスの供給を受ける場合には，当該割増額を仕入税額として控除することができる。[21]

⑸　中古品に対する粗利益課税法

　原則的に，取引物品が新品であるか中古であるかにかかわらず，VAT は売上物品の価格に対して課される。しかし，VAT 最終負担者である消費者が一端購入した物品等が再び他の消費者の販売された場合には，同じ物品に対してVAT が２重に課されることになる。そのため，課税事業者が中古物品を売却する場合には，粗利益課税法（margin scheme）を採用することにより，粗利益のみに VAT が課される。粗利益課税法は，下記要件を満たす場合に適用される。

①　VAT は物品の仕入価格と売上価格との差額である売手側の粗利益にのみ課される。

②　売手側の粗利益は VAT 込みの金額で算定されるため，課税金額は当該粗利益に VAT 割合を乗じた金額となる。

③　粗利益を算出する際，売手によって支払われた費用（たとえば，修復・修繕・予備部分に係る費用等）は考慮されない。

④　物品購入者は課税事業者であったとしても，仕入税額の返還請求はできない。

　粗利益課税法は，主として，中古商品取扱業者に対して設けられた対策である。この適用に当たり満たされるべき要件は，関連物品が中古であり，VAT が課されない（つまり，公共機関や非登録事業者からの）供給により購入されるか，粗利益課税法によって物品を売却する者から購入されていることである。売上インボイスは仕入税額が関連物品に関する売手によって返還請求されてないこと（あるいは返還請求され得ないこと）についての申告が含まれなければならない。

　たとえば，取引業者が公共機関から 2,000 ポンドでテーブルを購入し，500ポンドの修復費を投じた後，2010 年 6 月に当該テーブルを 5,000 ポンドで売却したと想定する。粗利益課税法において，取引業者の修復費用は考慮されないため，当該供給による粗利益は 3,000（＝ 5,000 － 2,000）ポンドとなり，売上税は 3,000 ポンドに VAT 割合 7/47 を乗じて算出された 446.81 ポンドとなる。

Ⅶ　英国付加価値税の課題

1　複数税率・非課税項目における課題

　ゼロ税率項目には，登録事業者が製造過程で使用した仕入税額の還付を受けることが認められ，その結果として，ゼロ税率が課された最終的な商品価格に課税の構成要素はない。非課税物品・サービスを扱う事業者は，売上の際にVATを課されないが，当該物品・サービス供給側である事業者が商品仕入の際に支払ったVATの控除を受けることはできない。仕入に係るVATは商品売価に課税要素が含まれることを意味するので，課税要素ゼロ税率よりも高くなる。ゼロ税率の場合には，VATが課されるが，税率は0％であり，非課税取引の場合には，当該製品に係るVATは考慮されず，売上税額が課されることなく，仕入税額も控除されない[24]。

　たとえば，B社から300ポンドで仕入れた商品を500ポンドで販売する会社Cの売上に係る税が0％である場合には，500ポンドの売価には付加価値税100ポンドは加算されないが，B社から仕入れた際に負担した60ポンドの控除は受けることができる。つまり，C社は，供給段階まで（20ポンドまでA社，40ポンドまでB社）まで還付を受け，売上には一切税がかからない。この場合の製品にはVATが完全に免税であり，消費者の購入インセンティブはVATにより左右されない。しかしながら，国際的な取引になると，C社のような企業は，多額の還付を受けるようになり，ゼロ税率が不正を誘発することになる。

　非課税の場合には売上の際にはVATが課されないが，ゼロ税率と異なり，企業は仕入税に係る還付を受けることができない。非課税製品を販売した場合には，売上に係る税はゼロであるが，B社から仕入の際に負担した60ポンドの還付を受けることはできない。C社には売上税が課されないにもかかわらず，当該製品の価格は60ポンド高くなり，より高い価格で消費者に販売されることになる。最終価格の500ポンドは，当該控除不能な60ポンドが実効税率12%を生じさせる。最終製品に係る実効税率は，合計価格に比例することは明らかである[25]。

　非課税項目は単に課税対象から除かれるのに対し，ゼロ税率項目には，イン

ボイス方式による前段階税額控除が適用され，ゼロ税率項目の物品またはサービスを行う登録事業者に対しては，当該物品の仕入に係る VAT 控除が認められる点で，両者の税務上の取扱いは大きく異なる。すなわち，税率が適用されない非課税項目の供給を行う事業者は，売上税額を課さないため，非課税売上に係る仕入税額の回収を行うことができないが，ゼロ税率項目の場合には，売上に係る課税はゼロ％であり，売上税額は課されないものの，「課税対象供給」として，仕入税額の計算過程に組み込まれ，仕入税額の回収を行うことができる。仕入税額が回収可能となるゼロ税率は，仕入税額控除付き非課税ともいうことができ，ゼロ税率によれば，各段階における VAT の累積が解消され，VAT 本来の仕組み・目的が確保された課税が実現される。他方，仕入税額控除が付されない非課税項目に関しては，仕入税額が売上税額として転嫁されるならば，後の各取引段階で税の累積が生じることとなり，中立性が損なわれる危険性が生じる。[26]

　そのため，複数税率を採用した場合，制度が複雑化する懸念は消えないが，非課税項目の充実よりも，ゼロ税率項目の採用・拡充が評価されている。ただし，該当項目に応じて，英国では，適用税率だけでも 0 ％から 5 ％，20％へと大きな開きが生じるとともに，仕入税額の計算にも影響を及ぼすため，各項目区分に際しては，納税者の納得が得られる合理的判断基準が要請される。

　同様に，逆進性への対応として複数税率を採用するフランスでは，ゼロ税率を設けておらず，2 種類の軽減税率が設けられている。すなわち，食料品・農産物用の肥料に対して 5.5％，新聞，医薬品等に対して 2.1％ の税率が適用される。さらに，非課税項目も英国より少なく設定されている。[27]

　ゼロ税率に否定的な EC 指令に対応するために，「1993 年財政法」において，ゼロ税率対象項目であった電力・家庭用燃料に対し，1994 年度から 8 ％，1995 年度から 17.5％ への税率引上げが公言されていたが，与党保守党議員の造反により否決されるという異例の事態が生じた。その後，ゼロ税率適用項目の範囲は縮小されつつも，現在においても継続適用されている。[28]

2 簡易課税制度の課題

前述したとおり，非課税物品・サービスの売上に対応する仕入税額の控除は認められないため，課税売上・非課税売上の両方に係る仕入税額は，その利用割合に応じて配分される必要がある。ただし，非課税売上に係る仕入税額が少額である場合には，控除することが認められている。つまり，VAT 課税年度において，下記要件のいずれかを満たす事業者は，部分的非課税措置の手続きを行うことなく，課税・非課税供給に係る仕入税額の暫定金額に基づいて仕入税額控除が認められる[29]。

① 仕入税の総額が毎月平均 625 ポンドを超えることなく，非課税供給価額が全供給の 50% に満たない。

② 仕入税の総額から課税対象供給に係る仕入税を控除することにより算定された金額が毎月平均 625 ポンドを超えることなく，非課税供給価額が全供給の 50% に満たない。

上記①・②の要件は，当該事業者が当該年度の全期間において最小限度適用者であるかどうかにかかわらず，各課税年度末に適用されるが，部分的非課税事業者が上記 2 要件を満たさなかった VAT 年度においては，上述の部分的非課税の全計算手続きを行わなければならない。

たとえば，2010 年 8 月 31 日までの 4 半期において，30,000 ポンドの課税対象供給および 20,000 ポンドの非課税対象供給を行った B 事業者の仕入税額を 1,500 ポンドであると想定する。この場合，毎月の仕入税額は平均 500（= 1,500 ÷ 3）ポンドであり，非課税対象供給は全供給額の 40%（= 20,000 ÷（30,000 + 20,000））である。B 事業者は上記①の要件を満たすため，当該 4 半期に係る予想仕入税を全額返還請求することができる。

また，2011 年 3 月 31 日までの 4 半期において，140,000 ポンドの課税対象供給および 60,000 ポンドの非課税供給を行う事業者 C の仕入税額を 27,600 ポンド（このうち，22,800 ポンドが課税対象供給に係る）であると仮定する。仕入税額の月平均額 2,300（= 27,600 ÷ 12）ポンドであり，625 ポンドの最小限度額を超えているため，上記①の要件は満たさない。ただし，総仕入税額から課税対象供給に係る仕入税額を控除して算出された金額 4,800（= 27,600 − 22,800）ポ

ンドの月平均額は 400（= 4,800 ÷ 12）ポンドとなり，非課税対象供給は総供給額の 30%（= 60,000 ÷（140,000 + 60,000））となり，上記②要件を満たすため，当該課税年度の仕入税額の全額を返還請求することができる。

　わが国の簡易課税制度は，基準年度（前々年の課税期間）の課税売上高 5,000 万円以下の事業者を対象に適用され，売上税額から控除される仕入税額は，下記算式のとおり，課税売上高にみなし仕入率を乗じることにより算定される。みなし仕入率は，現在，業種ごとに 6 区分に分けられている。

　仕入税額＝課税売上高×みなし仕入率

　一方，英国の簡易課税制度は，基準年度（次年度）の推定課税売上高が 150,000 ポンド（≒ 19,800,000 円）ポンド以下の事業者を対象に適用される。下記算式のとおり，課税売上見込額に一定割合を乗じることにより，納付額が算定される。

　納付額＝課税売上見込額×一定割合

　一定割合（みなし仕入率）は，業種ごとに 55 区分で細かく設定されている。

　図 1 は，仕入税額控除の可否について図式化したものである。

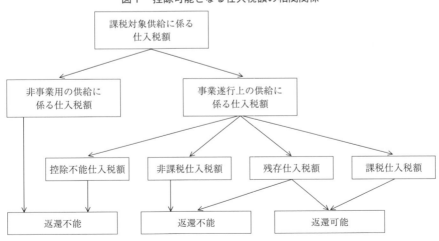

図 1　控除可能となる仕入税額の相関関係

Ⅷ　むすび

　英国の付加価値税はわが国の消費税に比して高税率に設定されているものの，その一方で複数税率を採用する等の逆進性緩和策も設けられている。付加価値税の複数税率化は消費税率の引上げを検討するわが国において，参考に値する措置である。

　ただし，複数税率を採用する場合には，各税率適用項目の判別には恣意性が介入するため，詳細かつ明解な項目区分の提示が要求される。また，ゼロ税率・軽減税率等の恩典は高所得者層にも及ぶため，生活必需品以外の奢侈・贅沢・高級志向の物品・サービスの提供あるいは不健康物品・環境有害物品等に高税率区分を設ける等の工夫がなされるべきである。社会保障財源確保に配慮した特定の政策的消費課税は，たとえば，景気・少子化・環境等，どの分野に重点を置くかによって，要求される措置も異なるため，重課・軽課対象項目の選定には極めて困難性が伴う。英国では，現在，景気対策の観点から，労働促進措置として，食洗機・調理済食品への軽減税率適用可能性が謳われている[30]。わが国においても，社会保障財源として消費税増税を提唱するのであれば，政策の方向性を長期的・具体的に示されるべきである。

　仕入税額控除の適用に関しては，英国では仕入税額の「控除」に「返還請求」（reclaim）という文言を用いていることに加え，登録事業者は仕入に係る税額の返還請求を行う資格があるというように，仕入税額控除の「権利性」が示されている。VAT額の計算には，課税売上に係る供給額にVAT率を乗じて算定された売上税額から仕入税額を控除する「仕入税額控除方式」を適用する点では，わが国の消費税額計算手法とほぼ同じ形式が採られているものの，英国では，インボイスによる仕入税額の把握が行われるため，より厳密に租税の転嫁（shifting of tax burden）が行われている。わが国では，仕入税額控除の要件である「帳簿および請求書等の保存」を定めた消費税法第30条第7項において，宥恕規定が災害その他やむを得ない事業の場合にしか認められないのに対し，英国のVATAでは，インボイスの保存義務は附則による規定に留まり，仕入税額控除適用事業者がインボイスの保存を行っていない場合でも，インボイス

の代替的文書として HMRC が認める場合には，仕入税額控除が適用される。このように，同じ「仕入税額控除方式」の採用国であっても，仕入税額控除の請求「権利性」および適用柔軟性を持つ英国の執行姿勢はわが国と大きく異なる。

わが国消費税率の段階的引上げが提言され，マスコミを賑わせているが，消費税率の引上げ以前に現行消費税法の欠陥を是正する必要がある。富岡教授が指摘されるように，「どんぶり勘定」たる「帳簿方式」が引き起こす租税転嫁の不透明性およびそれに伴う「損税」に対処するためには「インボイス方式」への移行が要請される[31]。また，国際取引の複雑化・加速化に対応する徴税システムを充実させるためにも課税事業者・免税事業者を峻別する「インボイス番号」の付与が早急に行われて然るべきである。平成 33 年から「インボイス方式」が導入される予定になっている。

注
1) Bill Pritchard, *Taxation Eighth Edition*, Pitman Publishing, 1987, p. 173.
2) 水野勝「わが国における一般的な消費課税の展開」碓井光明＝小早川光郎＝水野忠恒＝中里実編『金子先生古希祝賀論文集 公法学の法と政策 上』有斐閣，2000 年，199 頁。
   仕入税には，下表に示されるように，課税対象物品に応じて 4 段階の税率が設定されており，税率の多さへの懸念も付加価値税導入理由の 1 つと言われている（知念裕『付加価値税の理論と実際』税務経理協会，1995 年，95-95 頁）。

物品の種類	税率
衣料品，履物，家具，金物等	13.2%
キャンディー，清涼飲用水，アイスクリーム	22%
家庭用品	36.66%
毛皮，宝石類，貴金属時計等	55%

3) Tony Jones, *Taxation Simplified 2011-2012*, Manegement Books 2000 Ltd, 2011, p. 130.
   Antony Seely, *Briefing Paper No. 2683: European law on VAT rates*, House of Commons Library, 2016, p. 4.
4) David Smailes, *Tolley's Income Tax 2009-10 94th*, LexisNexis, 2009, pp. 1028-29.
   Keith M Gordon and Ximena Montes-Manzano, *Tiley and Collison's UK Tax Guide 2009-10 27thedition*, Lexis Nexis, 2009, p. 2236.
5) Alan Melville, *Taxation Finance Act 2010 Sixteenth edition*, Prentice Hall, 2011,

pp. 470・471.

6)　金子宏『租税法理論の形成と解明 下巻』有斐閣，2010 年，377 頁。

7)　Alan Melville, *op. cit.*, p. 470.

8)　*Ibid.*, p. 479.

9)　*Ibid.*, p. 480.

10)　高正臣「イギリス付加価値税法の仕組みと仕入税額控除」『税経通信』第 56 巻第 15 号，2001 年，167 頁。

　　田中治「現行消費税の問題点と改正のゆくえ」『税務弘報』第 49 巻第 8 号，2001 年，22 頁。

11)　Alan Melville, *op. cit.*, p. 487.

　　なお，小売業者は供給に係る対価が 250 ポンドを超えない限り，インボイス発行義務が生じない。

　　EU 型のインボイス例として，フランスの場合には，英国よりも要求されるインボイス記載内容が少なく，①買主の名称・所在地，②税抜価格，③税率，④付加価値税額，⑤納税事実に関する選択の 5 項目となっている。オーストリアでは，英国の記載内容とほぼ同じである（多田雄司「EU 型インボイス方式と日本への導入上の問題点」『税理』第 39 巻第 15 号，1996 年，10-11 頁）。

12)　Alan Melville, *op. cit.*, p. 488.

13)　鎌倉治子『諸外国の付加価値税― 2008 年度版』国立国会図書館調査及び立法考査局，2008 年，13 頁。

14)　青木寅男「英国の税制改正（1995 年度）」『租税法研究』第 544 号，1995 年，66 頁。

15)　ちなみに，わが国で一般消費税の導入が提案された中曽根内閣の売上税法案作成に際し，非課税項目の設定に関して，次のように述べられている（水野勝『主税局長の千三百日』大蔵財務協会，1993 年，114 頁）。

　　「食料品非課税の原則の下で，飼料は非課税とされたが肥料は課税とされ，漁船や冷凍トラックは非課税とされたが冷凍倉庫は課税とされた。文化財保護法により助成される伝統芸能としての歌舞伎は非課税とされたが，それに該当しない落語は課税とされた。一般的な事柄を報道する日刊新聞は非課税とされ，それとの並びで一連の夕刊紙も非課税に分類されたが，スポーツ新聞は課税とされた。こうしたところから，課税，非課税はクイズものだという批判も生じることとなった。」

16)　Alan Melville, *op. cit.*, p. 486.

17)　Andrew Needham, *op. cit.*, p. 534.

18)　*Ibid.*, 535-536.

19)　なお，前年度の課税売上高が 1,600,000 ポンドを超える場合には年次会計法から脱退しなければならない。

20)　Andrew Needham, *op. cit.*, pp. 532-533.

21)　Alan Melville, *op. cit.*, pp. 490-491.

22)　オーストラリアでは，非登録事業者から中古品（second-hand goods）を購入し，後に供給する場合の取引は，原則として，非課税取得に該当するが，特例により，取得価額の 11 分の 1 相当額の仕入税額控除が認められる（GST Act, Division 66）。

23) Alan Melville, *op. cit.*, pp. 491-492.

24) James Mirrlees (ed.), *Tax by Design*, Oxford University Press, 2011, p. 171.

25) *Ibid.*, p. 173.

26) 一高龍司「消費課税の世界的潮流」『租税法研究』第 34 号，2006 年，43 頁。

27) 鎌倉治子，前掲書，23 頁。

28) 青木寅男，前掲稿，66 頁。

29) Chris Whitehouse (ed), *Revenue Law-principles and practice seventeenth edition*, Butterworths, 1999, p. 578.

30) James Mirrlees (ed.), *op. cit.*, p. 11.

31) 富岡幸雄「不況期の増税で国を滅ぼすな（上）―経済活性化と欠陥税制の是正が急務―」『税経通信』第 58 巻第 1 号，2012 年，19 頁。

2 ドイツの売上税
——前段階税額控除を中心に——

奥 谷 健

〔広島修道大学〕

はじめに

　周知のとおり，わが国の消費税は 2019 年 10 月から 10%（消費税 7.8%，地方消費税 2.2%）への引上げが予定されている。これに伴い，逆進性緩和のための軽減税率制度の導入に対応した仕入税額控除制度として，平成 28 年度税制改正では，現行の請求書等保存方式を維持しつつ，複数税率に対応した「区分記載請求書等保存方式」によって，仕入税額控除に対応すること，および，2021 年 4 月から「適格請求書等保存方式」を導入することが定められている[1]。つまり，消費税の税率引上げによる逆進性を緩和し，低所得者層の負担を軽減することが必要と考えられているといえる。そして，そのための措置として軽減税率が導入される予定になっている。しかし，複数税率制度のもとでは，「例えば，『売り手が軽減税率で申告し，買い手は標準税率で仕入税額控除をする』といった事態が発生しないよう，事業者間の相互牽制により，適正な税額計算を確保するための仕組みが必要に」なってくるといわれる。そこで，いわゆるインボイス方式である「適格請求書等保存方式」を導入することとなったのである[2]。ということは，複数税率を導入するためにはインボイス方式の導入が必要であると考えられているといえる。

　このように，わが国の消費税は今後の改正に向けて，複数税率とインボイス方式の導入が予定されている。しかし，これらの制度，特に複数税率の導入には批判的意見もみられる[3]。それにもかかわらず，上記のように軽減税率の導入が予定されており，その前提としてインボイス方式の導入も決まっているのである。

付加価値税としての消費税において，仕入税額控除が非常に重要な意味をもつことは周知のとおりである[4]。それでは，そのような仕入税額控除を認めるための方法として，インボイス方式の導入は必要，有益なものなのであろうか。インボイス方式のもとで仕入税額控除はどのように機能しているのであろうか。

　そこで本稿では，これらの制度を導入している，ドイツにおける一般消費税である売上税（Umsatzsteuer）を概観しつつ[5]，その法的な問題，特にインボイス方式のもとでの仕入税額控除制度について検討し[6]，わが国の消費税のあり方についての示唆を得ようと思う。

I　売上税への展開[7]

　ドイツにおいて，付加価値税としての売上税は比較的新しいものである。しかし，売上税という制度自体の歴史は古く，1916 年に導入された物品売上印紙税（Warenumsatztempelsteuer）が，1918 年に売上税へと名称を変えている。この段階での売上税は全段階粗売上税（Allphasenbruttoumsatzsteuer），つまり多段階取引高税であった。この制度はヨハネス・ポーピッツ（Johannes Popitz）を起草者の一人としている。彼は「ドイツ売上税の父」と呼ばれ[8]，この制度の基本的考えを示したといわれている[9]。それは，　個々の経済行為，すなわち個々の事業者の給付（Leistung）は，他の事業者および私的な消費者に対して提供される場合であっても，課税によって把握される（全段階課税）というものである。つまり，製造から最終消費者による購入まで商品が通過する複数の流通段階のそれぞれにおいて課税される。

　しかし，多段階取引高税では租税が取引段階を経るごとに累積することになる。すなわち，事業者が他の事業者に給付をする場合，受領する事業者に売上税の負担を求める。給付を受けた事業者の側では，その負担した売上税に費用的要素を見出す。そのため，それを自身で負担するのではなく，他の事業者に給付する場合に価格計算において考慮する。その結果，前段階で負担した租税を含めた価格に，自らの利益を加え，その価格に税負担を求めることになる。そうすると，売上税は，その本質において，取引連鎖の最終段階に位置する者―最終消費者―が負担することになる。そして，そこに至るまでの段階で受給

66

者に対して，給付提供者である事業者の税額が転嫁（Überwälzung）される。つまり，税の転嫁が多段階取引高税において予定されていたのである。そして，取引段階すべてで売上税が転嫁された価格に，さらに売上税が上乗せして転嫁されることになり，「税に対する税」として累積することになる[10]。

　このことから多段階取引高税の消極的性格が導かれる。すなわち，①租税が累積する。売上税は価格によって転嫁されるため，事業者の給付が課税標準に取り入れられて，売上税が売上税に課されることになる。②価格によっては利益額を低下させる。価格競争のために課税前と同じ売却額にしようとする場合，対応して転嫁された税額分，価格を低くしなければならない。その結果，売上税分だけ，利益が減少することになる。③税額の大きさが取引段階の数に関係する。取引段階が多くなるほど価格転嫁の影響はより強く作用する。それによって特に直接に製造者から給付を受けるのではなく，多くの流通過程を経て商品を得なければならない，小規模事業者や個人商店は不利益を受けることになる。

　このような消極的な性格がもたらす自由競争の歪みは，特に小規模の個人事業者を不利に扱うことになる[11]。そこで，この制度の平等原則（Gleichheitssatz（ドイツ基本法（Grundgesetz，以下「GG」とする。）3条1項））違反が問題となり，連邦憲法裁判所の判断が示されたのである[12]。

　この判決では，ドイツ基本法が当時の売上税について実質的に合憲と認めていないことを出発点としている。ただ，基本的には，ドイツ基本法は財政に関する106条1項および108条1項において売上税を明記しており，税収の分配等について売上税を前提としていることも確認している。それを踏まえ，事業者の売上に対する課税を行うことが基本的には憲法違反ではないと判断している。そして，事業者の売上に対する課税についてどのような形態をとるかは立法裁量（Gestalungsfreiheit）に委ねられるという基本的な立場を示している。もっとも，この立法裁量も無制限なものではないことも示されている。そして，その制限の1つとして平等原則が挙げられている。

　上記のように，立法裁量があることから，事業者の売上に対する課税制度をどのようなかたちにするかについて，すべての取引に対する平等を充たすことは

現実的には不可能であるとの考え方に基づき，一定程度の典型化（Typisierung）が認められ，異なる取扱いに合理性が認められる場合があることを示している。その意味では，全段階粗売上税も憲法違反にはならない余地が認められている。

　しかし，商品の流通過程において取引段階が複雑化する中で，それを統合できる事業者と，統合できずに多くの流通段階を経ている事業者との間に，売上税の負担が自己費用（Selbstkosten）とむすびつくことによる競争力の差異を生むことになる。これを不平等として憲法抗告がなされたのである。しかし，このような差異は典型化のもとでは一定程度は受け入れられなければならないというのが憲法裁判所の考え方である。ただし，この差異は税率がきわめて低い場合には重要な問題にならないため受け入れ可能であるが，税率が引き上げられると問題として浮き上がってくる。具体的には，ドイツでは1916年の全段階粗売上税の導入時には税率が0.1%に過ぎなかった。しかし，この事件で問題になっている当時は4％に引き上げられている[13]。そのため，このような不平等の問題，いわば競争中立性の瑕疵（Mangel an Wettbewerbsneutralität）が浮き彫りになったのである。

　ただ，この競争中立性の瑕疵の問題については，連邦政府も連邦財務省も指摘してきたところであり，その排除を政策的な目標として認識していた[14]。そのため，前段階税額控除（Vorsteuerabzug）を伴う付加価値税（Mehrwertsteuer）への改正の議論が進められてきた。そして，この判決で実質的にその立法が義務づけられたと評価されている[15]。

　このような判決および議論を経て，全段階粗売上税ではなく，前段階税額控除を伴った全段階純売上税（Allphasennettoumsatzsteuer），すなわち付加価値税が1968年1月1日から導入されることになった。この制度の基本的な考えは，製造や取引のそれぞれ段階での付加価値のみが課税上把握されるということである。これによって，事業者がその計算に含まれる他者の売上税を課税庁から払戻され（前段階税額控除），その売上税は最終消費者に価格において転嫁される。そして，税の累積が回避され，最終的に私的な消費者のみが売上税を負担することになる[16]。

　しかしながら売上税は，このように示されていても，技術的な意味において

68

は付加価値税ではない。なぜなら，課税標準はそれぞれの取引段階における付加価値ではなく，その都度の売上税を除いた対価全体だからである（売上税法（Umsatzsteuergesetz，以下「UStG」とする。）10条）。しかし，前段階税額控除によって，事業者が他に資産を給付する際に，仕入の際に負担した売上税債務を控除できるため（UStG15条），結果的にその都度の付加価値だけが課税されることになっているにすぎないのである。つまり，全段階粗売上税を否定して導入された付加価値税としての売上税は前段階税額控除が非常に重要な意味をもつといえる。そこで，ドイツの売上税における前段階税額控除，仕入税額控除について次に見ていくことにしよう。

Ⅱ　前段階税額控除の要件

ドイツ売上税においても，前段階税額控除は付加価値税である全段階純売上税の核心であるといわれる[17]。そしてこの前段階税額控除について，ドイツ売上税法は15条1項1号で定めている。その規定は次のようなものである。

⑴　事業者は以下の前段階税額を控除できる。

1. 法律上，他の事業者から自己の事業に対してなされた給付及びその他の給付に対して課された税額。前段階税額控除を行うには，事業者が14条，14a条に基づいて発行された計算書（Rechnung）を保有することを要件とする。支払いに対して特別に証明された税額が売上実現前に生じた範囲で，計算書が存在し，支払いがなされている場合に控除が認められる。

これによれば，①事業者に対して，②その事業に関連し，③他の事業者による給付があるという，売上と事業との関連性が求められる。また，前段階税額控除が認められる要件として正規の計算書，いわゆるインボイスの保有が必要になる。そして，控除の対象となる前段階税額は，課税対象となる売上について給付を提供した事業者に支払うものでなければならないし，実際に支払った金額でなければならない（実現課税（Ist-Besteuerung））[18]。

これらの要件についてさらに見てみると，①では給付を受領する者，すなわち仕入を行う者が，③では給付を提供する者，すなわち仕入先がそれぞれ事業者であることが求められている。このことから，この「事業者（Unternehmer）」

という概念は，売上税の中心概念の1つといえる。そしてこの概念は，租税債務者を確定するだけに意義を有するのではなく，課税売上を認めるための要件でもある。つまり，仕入先の課税売上に対する売上税が，前段階税額控除の対象になるため，仕入を行う者の前段階税額控除の要件としても「事業者」という概念が重要な意味をもつことになるのである。

　この「事業者」とは，独立して営業活動または職業活動を行う者である（UStG 2条1項1文）。これは自然人でも，法人でも，人的会社でもなり得る[19]。事業活動を国内で行っているか，国外で行っているか，ということは重要ではない。営業活動および職業活動というのは，収入獲得のための継続的活動をいう。この活動は，営利目的を欠いている場合であっても認められる（UStG 2条1項3文）。そのため，費用が上回ったり，損失にむすびつく活動をしている場合であっても，事業者として認められる[20]。

　また，独立性は，自己の計算と危険において活動を行う場合，一般に認められる。活動の継続性は，一定期間計画的に給付提供を行う場合であって，一時的な活動は課税対象から除外される。

　このようにいくつかの判断基準をもって事業者であるか（事業者性（Unternehmereigenschaft））が判断される。つまり，この事業者性は，いわば全体像（Gesamtbild）で判断される典型概念（Typusbegriff）であるといわれる。そのため，給付提供者が自身で市場に参加する場合，通例は事業者として判断されるといえるが，個別の具体的活動をもって判断されることになる[21]。

　そして，事業者に対してなされた給付にかかる売上税は，まだ売上がない段階でも，前段階税額控除の意思をもって独立した活動が継続的に行われていることの客観的根拠があれば，前段階税額控除の対象となる。そのため，開業準備行為を開始した段階で事業者性が肯定されていると考えられる。そして，開業準備行為にかかる取引も前段階税額控除の対象となる取引に該当することになるのである。

　このような前段階税額には即時での控除が要請されている（即時控除の原則（Der Gurndsatz des Sofortabzugs））[22]。これによって，仕入が行われた段階で前段階税額控除が認められることになる[23]。

また給付を提供する者，すなわち仕入先も事業者であることが求められている（③）ことから，前段階税額控除は，事業者が他の事業者から給付を受けた場合に認められることになる。そして，売上税は事業者にとって費用中立的でなければならない。そのために，前段階税額控除が認められているのである。これによって，その負担は最終消費者に転嫁されると考えられる。すなわち，事業者の給付を通じた取引の各段階で売上税が課され徴収されるため，費用中立性は，受領した給付への売上税の負担が前段階税額控除によって戻され，提供する給付によって債務を負う売上税を価格に転嫁することで確立するのである[24]。

このような制度は，概念を区別して売上税の負担について考えている。すなわち，事業者は自己の売上に対する租税債務を負い，その給付の受領者にその債務の金額を記載した計算書を交付する。この金額が「売上税」の額である。そして，事業者が仕入に際して事業者に支払った売上税額が「前段階税額」である。これが支払われた「他人の」売上税の金額であるため，課税庁から払戻されることになっている。そして，自身の売上税債務と前段階税額の差額が「支払負担（Zahllast）」，すなわち納税額である。そうすると，これは計算上の金額に過ぎないといえる。

このように考えると，事業者はあくまでも自身の売上についての租税債務を負うため，その価格に売上税相当額を転嫁することになる。そして，前段階税額の控除が認められるかは，その要件を充たすか，という点にかかることになる。その要件を充たした金額を控除した差額が支払負担なのである。そうすると，前段階税額控除の要件を充たしていないことを理由に，事業者が売上税の徴収に組み込まれているにもかかわらず，前段階税額控除が認められない場合が生じ得る。この場合には費用中立性が確保されないことになる。しかし，自身の仕入などの取引にかかる売上について売上税法上瑕疵がある場合のリスクは負担しなければならない。つまり，前段階税額控除が認められないことになる[25]。

また，事業に関連する給付でなければ前段階税額控除の対象にならない（②）。つまり，控除の対象になるのは，これらの事業者間の事業上の取引を通じて課

された売上税，すなわち法的に債務を負った税額である（UStG15 条 1 項 1 文 1 号）。そのため，不当または不法に証明された税額については，前段階税額控除の対象として認められていない（UStG14c 条）。そして，この税額の正当性は計算書による証明が求められる。すなわち，前段階税額控除の要件として計算書の保有が求められているのである。

では，この計算書，インボイスとはどのようなものであろうか。次に見ていくことにしよう。

Ⅲ　計算書（インボイス）

UStG15 条 1 項 1 文 1 号 2 文は給付受領者が計算書を保有していることを求めている。この計算書は，供給またはその他の給付が控除されるための証拠書類となる（UStG14 条，14a 条）。そのため，事業者がその事業に関連して他の事業者に給付を行う場合には，当該売上金額を記載した計算書を発行しなければならない（UStG14 条 2 項 1 文 2 号 2 文）。このとき，計算書には，給付の提供者および受給者双方の氏名，所在地，給付の種類，量および時点，ならびに，給付提供者の納税者番号（Steuernummer）または売上税個別認証番号（USt-Identifikationsnummer）が記載されていなければならない（義務的記載事項（Pflichtangaben）UStG14 条 4 項）。さらに，税率と対価にかかる税額，つまり前段階税額も記載されていなければならない（UStG14 条 4 項 8 号）。それぞれの計算書について，単純かつ容易に，他の計算書の内容から明確に確定できる場合には，計算書が不正確であっても不利益になるとは限らない。売上税法の基本的考え方によれば，これは前段階税額控除の実体法上の要件だからである。つまり，計算書を保有し，その記載内容によって上記のような前段階税額控除の要件が証明できれば，前段階控除は認められるということになる。

他方で，給付の受領者がすべての形式的な要請を充たした計算書を保有していない場合には前段階税額控除は認められないとドイツでは考えられてきた。例えばこの点について，ドイツ連邦財政裁判所（Bundesfinanzhof，以下「BFH」とする。）が，計算書の名宛人，すなわち給付の提供を受けた事業者の氏名（名称）と署名について，事後的な修正を認めず，発行時の記載に基づいて前段階

税額控除の可否を判断した事例がある。この事例では，不動産を共同所有する団体が，そのうちの建物について一部を事業の用に供していたため，その改修費用についての前段階税額控除の可否が問題になった。当初はその改修費用に関して，計算書の宛名はその共同所有者のうちの１名しか記載されていなかった。そこで，事後的にその記載の修正と前段階税額控除を求めて争われた。つまり，共同所有する団体である原告が，当該団体が計算書の名宛人であり，それに基づいて前段階税額控除に関する権利を有することになると求めたのである。これについて BFH は，「原告の UStG15 条 1 項 1 号による前段階控除にかかる権利およびそれに伴う UStG15a 条による前段階税額控除の修正に関する請求権も考慮されない」と示した。つまり，計算書の記載に厳格に従って前段階税額控除を認めると判断したのである。

このように BFH は，前段階税額控除の要件として，計算書への記載について厳格に解してきた。また，給付受領者が，実際に他の事業者から供給または役務提供を受けたことを他の方法で証明することも認められないと考えてきた。前段階税額控除の要件である計算書ではないからである。

他方で，計算書の保有については次のような指摘もある。すなわち，「…ドイツの連邦財政裁判所も計算書の提示を仕入税額控除の重要な要件と解しているわけであるが，それでは納税者がこの提示を調査段階でしなかった場合には，その後提示しても仕入税額控除は認められないのであろうか。

この点になると，ドイツの判例・実務は提示が遅れても更正期間内であれば，たとえ法廷で計算書がようやく提示された場合でも仕入税額控除の要件（計算書における区分された税額の記載）が満たされたことになると解されている。

あるコンメンタールの『仕入税額控除の個々の要件が（課税手続過程や場合によっては法廷で）証明されない場合には，原則として仕入税額控除は認められない』という記述はこのことを前提としている。

いずれにせよ，計算書が後から完全に揃った場合でも仕入税額控除は可能であり，計算書における記載の不備を他の書証で補完することも認められており，正規の計算書が後で紛失した場合でも，計算書に区分記載された税額のあることを他の方法で証明できれば控除が可能とも解されている」。

つまり，記載要件や保有に関して厳格に解している一方で，その不備の是正
や提示に関しては緩やかに解していると考えられる。このことから，前段階税
額控除を売上税の納税義務と不可分の構成要素として考えていると思われる。

　さらに，BFHのような記載内容に関する厳格な解釈は，近時のヨーロッパ
裁判所（Gerichtshof der Europäischen Union，以下「EuGH」とする。）の判決に
よれば，EU指令に反していると解されるようになってきている。すなわち，
EuGHの観点によれば，EU指令によって強制的に予定されている計算書の記
載は，比例原則のもとで，付加価値税指令によって要請される計算書の記載お
よびそれに伴う前段階税額控除にかかる実体的な要件を，その他のすべての点
において正しい計算書によって証明することは可能であると考えられている。

　これに関連して，EuGH2012年3月1日判決[28]を見てみると，前段階税額控除
にかかる権利が付加価値税という制度の統一された構成要件であり，原則と
して制限されるべきでない旨を指摘している。そして，前段階税額控除が認
められるための形式的要件として記載要件を充たした計算書を保有している
（besitzen）ことが2006年EU指令によって要請されている[29]のみであって，ここ
に予定されていない要件を求めて，前段階税額控除にかかる権利の行使を妨げ
てはならないと示している[30]。

　また，付加価値税の中立性の原則に基づいて，実質的な要請が充たされてい
る場合に，納税義務者が形式的要請を充たしていなくとも，前段階税額控除を
認めるべきであると判断している。つまり，税務行政庁は，課税売上が生じて
いる事業者に対して納税義務者として付加価値税債務を課すのであれば，その
前段階税額控除について，実質面での要件を充足していることで控除を認めな
ければならないと考えられているのである。

　以上のことから，EuGHは，発行日付，納税義務者，資産の取得者または役
務の受領者の氏名および署名が記載という形式要件が充たされた計算書を保有
していれば前段階税額控除を認めると解していると考えられる。つまり，この
記載内容が取引および前段階税額の証明であり，その証明がなされていれば前
段階税額控除の権利を行使するには充分であると考えられているといえる。こ
のことから，計算書は前段階税額控除のために，その取引と税額を示す証拠と

して，付加価値税において中心的な役割を果たしている思われる。だからこそ，その保有が求められていると考えられるのである。

　また，この計算書は前段階税額控除を行うための取引内容を示すものであるため，給付を提供する事業者，つまり当該取引にかかる付加価値税を受け取る事業者が計算書を発行する義務を負う。そして，証拠として機能することから，これは正しい内容のものである必要がある。もし，必要な計算書を交付しなかったり，記載に瑕疵があった場合には，給付を受領した事業者は前段階税額控除を受けられないことになる。そして，それによる損害を被ることになれば，給付を提供する事業者がその損失について民法上の責任を負うことになると考えられている。そこで，正規の計算書を発行することは契約上の付随的な義務として位置づけられているのである。このように前段階税額控除の主張と正しい計算書の保有とがむすびつけられている。そのため，事業者は計算書の完全性，正確性を確認することが重要になってくる。

　これらのことから，計算書は給付の受領者にとっては自己に生じた前段階税額の証明としての意味をもつことになる。そして，それに基づいて，前段階税額の払戻しにかかる権利（Anspruch auf Vorsteuervergütung）にとっての計算根拠としても機能する。他方で，事業者が保存している計算書は，契約当事者双方の租税債務関係を課税庁が管理することに役立っている。すなわち，記載事項によって，租税債務の根拠と金額，および，それに合わせた前段階税額が判断でき，さらには受領者がその給付を事業の用に供したのか，事業以外の用に供したのかもわかる。そして，給付を提供した事業者がその課税売上を正しく申告しているかを税務行政が確認できることにもなる。つまり，要求されている記載内容は相互に照合されることから，こういった契約内容の確認を可能にするのである。そのため，この証拠としての意義から，計算書は契約においても不可欠のものとなる。

　この点に関連して，上記の EuGH 判決では，計算書には重要な証拠機能（Dokumentationsfunktion）があると指摘している。なぜなら，これによって取引などの調査，審査が可能になるからである。そして，本判決では，申告が他の許容される方法で証明されるのであれば，前段階控除が認められることを許

容している。[33]

　そうすると，このようなヨーロッパ法の解釈に基づき，ドイツ売上税法の解釈も変更されていくと考えられる。そして，前段階税額控除にかかる権利の要件が緩やかに解されるようになってくると思われる。

　このような解釈の傾向は，上述のように，前段階税額控除が付加価値税として機能するために不可欠な構成要素として解されている一方で，計算書に記載された税額が前段階税額控除の実体法的要件として解されていることによると思われる。[34] そして，そのような理解のもとになっていると考えられるのは，わが国とは異なり，前段階税額控除にかかる「権利」として裁判例などで明確に示されている点にあると解される。つまり，前段階税額控除は付加価値税のために不可欠なものであるため，納税義務者の「権利」として明確に理解されているのである。そして，その要件についての解釈がここまで見てきたようになされていると考えられる。

IV　前段階税額控除にかかる「権利」

　このように，ドイツでは前段階税額控除は，付加価値税としての売上税において不可欠な納税義務者の「権利」として明確に位置づけられているといえる。それでは，この「権利」はどのような性質のものとして理解されているのであろうか。この点について，次に見ていくことにしよう。

　ドイツにおいて前段階税額控除が権利として位置づけられていることとの関係で，この制度を悪用した脱税スキームの問題が考えられる。いわゆる「カルセール・スキーム（カルセール詐欺（Karussellbetrug））」と呼ばれるものである。[35] このスキームは次のようなものである。

　このスキームが機能するための重要な要素は，「免税取引」と「傀儡事業者」である。

　まず，EU 域内での商品等の給付が行われる。これは免税取引であることが前提となる。そして，それを傀儡事業者が取得する。この事業者はこの取引による取得について納税義務を負う（UStG 1 条 1 項 5 号）。そして，それに対する前段階税額控除の権利を行使できることになる。しかしながら，その納税をせ

ずに消滅してしまう。[36]

　この点にドイツ売上税の特殊性が見られる。本来 EU 域内では加盟国は取引に関して自由が認められている。そのため，輸入への課税も輸出への税の軽減（輸出免税）もない。しかし，輸入への売上税について他の EU 加盟国からの輸入の場合には課税対象となることが規定されている（UStG 1 条 1 項 5 号，1 a 条）。これにより，例えば上記の例では，事業者 A が本体価格 100 の商品を事業者 B に輸出する。このとき，A は免税取引であれば付加価値税の負担なく，前段階税額控除がオランダで認められる。B は 100 に関する売上税 19 が擬制され，それにかかる前段階税額控除の権利が認められる。そして，その商品を 200 で譲渡した場合，それに対する売上税 38 について納税義務を負うことになる。[37]

　このような特殊性があるため，カルセール・スキームにおいて B は 19 の前段階税額控除について権利行使して払戻しを受けておきながら，38 の納税をせずに消滅するということが問題になる。

　そして，このようなことができる理由にもう 1 つの特殊性が考えられる。それが上記の「即時控除の原則」である。これは，EU 第 6 次指令で「前段階税額控除権は，控除される税額に対する請求権が発生した時点で生じる」と示されている。この「請求権が発生した時点」とは，「資産の譲渡または役務の提供が行われたとき」（同指令 10 条 2 項）とされており，給付の受給すなわち仕入が行われた時点で前段階税額控除に関する権利が認められるのである。[38]

　このことから，前段階税額控除は，課税標準である対価（Entgelt：UStG10 条[39]）に税率を乗じて得られた税額から控除されるという，いわば納税額を算出するための計算技術的なものではなく，納税義務に対応した事業者の「権利」として位置づけられていることが理解できる。そして，この権利について，「前段階税額の控除にかかる請求権は，租税通則法（Abgabenordnung，以下「AO」とする。）37 条 1 項の意味における租税払戻請求権（Steuervergütungsanspruch）の問題である」と解されている。[40]この AO37 条 1 項の租税還付請求権とは，正当に租税債務者によって支払われた税額の払戻しのために第三者に認められる権利である。この代表例として前段階税額控除にかかる権利が示されている。[41]つまり，納税義務を負う事業者が，給付提供者である仕入先の事業者が納税し

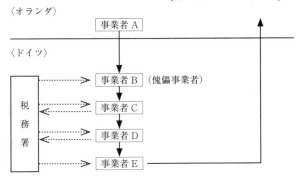

《カルセール・スキーム》

* ──→：取引の流れ　┈┈▷：納税または前段階税額控除
事業者A：域内での供給・給付（免税取引）を行う
事業者B：域内での受給・取得として納税義務を負う。Aから交付された計算書によって前段階税額控除を受ける。しかし，売上税の納税をしないまま消滅。
　　　　事業者Aなどの背後の事業者によって操作されていることが多い。
　　　　（傀儡事業者またはミッシング・トレーダー）
事業者C・D：通常の納税および前段階税額控除を行う。
事業者E：オランダへ再び供給・給付（免税取引）。輸出免税により，前段階税額の還付を受ける。

た売上税について払戻しを受ける権利になる。

　これについて，立法上は，一定の税負担を免除するものであると考えられ，同様に払戻しを受ける一般的な還付請求権とは区別されている[42]。というのも，租税払戻請求権は法的な根拠のない税額に対する支払い，つまり過誤納金に対して認められるものではないためである。租税払戻請求権はむしろ，立法者によって意図された課税規定の一部であると評価されている。

　しかし，AOは租税払戻請求権についての定義を定めていない。そのため，租税債務関係を前提とした請求権として理解されているに過ぎないことになる。つまり，租税払戻請求権は，租税債務者でない者の負担を軽減するという効果を有することになる。間接税の場合，租税債務は商品等の受領者に価格の一部として転嫁されている。この転嫁された税額を返還してもらう場合に租税払戻請求権が問題になる。売上税は最終消費者が負担するため，事業者には売上税の負担が生じない。前段階税額控除の権限が認められているからである。これ

は，換言すれば，価格への売上税の転嫁が制度上予定されており，納税義務を負う事業者は租税払戻請求権が認められるのに対して，最終消費者には売上税の納税義務がないため，前段階税額控除の権利が認められず，担税者として，転嫁された負担を負うことが予定されているといえる[43]。

　このように，ドイツ売上税においては，前段階税額控除は請求権として認められている。そして，その権利は，過誤納金に関するものとは異なり，正当に成立している納税義務に関して認められるものである。また，本来の納税義務者ではなく，他の者がその権利を行使して税額の払戻しを受ける権利なのである。

　さらにドイツでは，このような権利を，単なる税額払戻請求権としてだけでなく，売上税の課税基礎（Besteuerungsgrundlage）として位置づけている[44]。例えば，この点について BFH1976 年 9 月 30 日判決で次のように示している[45]。すなわち，「新たな売上税の体系とそのうえに構築された税額算出規定によれば，算出され確定されるべき税額は，納税義務者が税務署に支払わなければならない金額だけで終結するのではなく，反対の税務署が納税義務者に支払わなければならない金額をも含む。売上税の算出および確定は，新たな法律においては，1967 年 UStG16 条に創設された特別な（上位に置かれた）課税基礎に依拠する。一つは，税額算出において，1967 年 UStG 1 条 1 項 1 号および 2 号の意味における売上総額が組み込まれる。これについては，1967 年 UStG13 条 1 項 1 号および 2 号において租税債務の発生が規定している（1967 年 UStG16 条 1 項 1 文）。1967 年 UStG14 条 2 項および 3 項に基づき債務を負う税額が加算されなければならない。この課税基礎に関して算出される中間税額から，1967 年 UStG16 条 2 項によって，同じ課税期間に 1967 年 UStG15 条 1 項によって生じた前段階税額控除権に依拠する前段階税額が控除されなければならない（第 2 次中間総額）。すなわち，2 つの確定された特別な課税基礎が相互に差し引かれなければならず，1 つの差額が導かれる。この差額が課税期間に関して算定されるべき税額である（1967 年 UStG18 条 1 項 1 文および 4 項 1 文参照）。このことから，本法廷の見解によれば，上記の課税基礎が独立していない，つまり権利救済において独自に取り消すことのできない税額決定処分の一部であるということが

79

導かれる」。

　つまり，前段階税額控除にかかる権利によって認められる前段階税額控除は，税額決定処分とは別に取消すことのできない，いわば不可分の関係にあると解されている。そして，それは税額算出のための課税基礎として位置づけられている。この課税基礎は，課税標準（Bemessungsgrundlage）とは異なる概念であって，課税標準を構成する個々の要素として理解されている。そして，ドイツにおいて前段階税額控除は税額確定にとって不可欠な構成要素として考えられているといえる。[46]

おわりに

　以上見てきたように，ドイツにおいては，税の累積によって競争に対する中立性の問題が生じたことから，憲法裁判所の判断をはじめとする議論を経て，前段階税額控除を採用した付加価値税制へと売上税は変遷を遂げてきた。

　そして，その前段階税額控除の要件として，事業者性というメルクマールが重要な意味を有している。これについては，さまざまな判断基準が示され全体考慮によって判断されることとなっている。そして，事業者に該当することで前段階税額控除の即時控除が認められている（即時控除の原則）。

　このとき，前段階税額を認める要件としてもう1つ，計算書（インボイス）の保有が求められる。しかし，これについては，中立性の原則という観点から前段階税額の証明手段としての機能が重要視されている。そのため，前段階税額を控除するために必要な計算書への記載事項について，その内容を他の方法で証明できる場合にはその権利を行使できると解されている。また，計算書の訴訟段階での提示も認められている。

　これらの対応は，前段階税額控除が，売上税の納税義務者にとっての「権利」として明確に位置づけられているためであると考えられる。そのため，上記の即時控除の原則との関係で，納税とは別の時点での前段階控除にかかる権利の行使が認められていると解することもできる。そして，この「権利」については，税額を算出する段階での計算技術的なものとしてだけではなく，自らの負担した税額について前段階の取引先が納税しているために払戻しを請求で

きる権利として解されている。さらに，納税額算出との関係では，課税標準である対価に対する税額と不可分の「課税基礎」として位置づけられている。いわば，税額確定にとって不可欠な要素として解されているのである。

　このようなドイツの売上税における，前段階税額控除の要件，計算書（インボイス）の機能に対する理解，さらには前段階税額控除の「権利」としての位置づけは，現在のわが国の消費税において明確にされてきていないと思われる。そこで，今後の税率引上げに伴うインボイス方式導入に向けて，この点を議論し明確にしていくことが極めて重要な事項であることを指摘しておきたい。

注
1)　財務省 Web サイト「平成 28 年度税制改正の解説」（http://www.mof.go.jp/tax_policy/tax_reform/outline/fy2016/explanation/pdf/p0758_0843.pdf）808 頁（最終確認 2017 年 4 月 27 日）および「消費税の軽減税率制度に関する資料（平成 28 年 6 月現在）」（http://www.mof.go.jp/tax_policy/summary/consumption/keigen_03.pdf）（最終確認 2017 年 4 月 27 日）。
2)　前掲注 1)「平成 28 年度税制改正の解説」774 頁。
3)　例えば，西山由美「消費税における複数税率構造の問題点―欧州司法裁判所の最近の判例を素材として―」東海法学 44 号（2010 年）102 頁，「特集『消費税・軽減税率の課題』」税研 176 号（2014 年）32 頁，金井恵美子「消費税の複数税率制度―その効果と問題点についての一考察―」税法学 573 号（2015 年）39 頁。
4)　金子宏『租税法〔第 22 版〕』（弘文堂，2017 年）726 頁。
5)　ドイツの売上税の概要については，すでに本学会において詳細に説明されているところである（関野満夫「現代ドイツの売上税（付加価値税）の改革をめぐって―軽減税率の機能と廃止案の検討を中心に―」日本租税理論学会編『税制改革と消費税』（2013 年，法律文化社）90 頁）ため，そちらを参照されたい。
6)　軽減税率については，関野・前掲注 5)において詳細に検討されているため，本稿では仕入税額控除について検討することにしたい。
7)　売上税の歴史的展開については，関野・前掲注 5)・91 頁に加え，西山由美「消費課税と租税文化―売上税法起草者ポーピッツの理論とその展開」森征一編『法文化としての租税』（2005 年，国際書院）199 頁（202 頁）でも紹介されている。
8)　西山・前掲注 7)・200 頁。
9)　Dieter Birk/Marc Desens/Henning Tappe, Steuerrecht, 17. Aufl. Heidelberg, 2014, Rn. 1671ff..
10)　三木義一編『よくわかる税法入門〔第 11 版〕』（2017 年，有斐閣）226 頁，230 頁〔望月爾〕。
11)　A. a. O., Birk/Desens/Tappe, Rn. 1675.

12) BVerfG Urteil vom 20.12.1966 - 1 BvR 320/57, 70/63, BVerfGE 21, 12.

13) 西山由美「ドイツにおける消費課税の歴史的展開」フォーラム 18 号（2000 年）66 頁も参照。

14) A. a. O., BVerfGE, S. 33ff..

15) Klaus Tipke/Joachim Lang, Steuerrecht 22. Aufl., Köln, 2015, §17 Rz. 2〔Joachim Englisch〕.

16) A. a. O., Birk/Desens/Tappe, Rn. 1676.

17) A. a. O., Tipke/Lang, Rz. 307〔Englisch〕.

18) A. a. O., Tipke/Lang, Rz. 309ff.〔Englisch〕.

19) ドイツ法上，人的会社は法人格が認められていない。

20) ただし，前段階税額控除に関する UStG15 条では営業活動について異なる理解をしている。財産管理行為も事業活動として理解されているためである（UStG 4 条 12 号 a 参照）。EU 域内での「事業者」概念については，西山由美「消費課税における『事業者』と『消費者』—フェアネスの視点からの考察—」税法学 573 号（2015 年）209 頁を参照。

21) A. a. O., Birk/Desens/Tappe, Rn. 1688ff..

22) A. a. O., Birk/Desens/Tappe, Rn. 1733.

23) これについては，西山由美「消費税における『事業者』の法的地位—いわゆる『カルセール・スキーム』をめぐる議論を素材として—」税法学 557 号（2007 年）209 頁（215 頁）を参照。

24) 西山由美「消費課税の基本原則—『中立原則』の意義—」税理 57 巻 3 号（2014 年）111 頁（115 頁）。

25) A. a. O., Birk/Desens/Tappe, Rn. 1683ff..

26) BFH-Urteil vom 23. September 2009 - XIR 14/08 -, BFHE227, 218, BStBl. II 2010, 243.

27) 三木義一「帳簿不提示と消費税の仕入税額控除否認の関係—ドイツ売上税法の判例を素材として」税理 39 巻 13 号（1996 年）19 頁（24 頁）。

28) EuZW 2012, 312.

29) S. Art. 178 lit. a der Richtlinie 2006/112/EG.

30) A. a. O., S. 314.

31) A. a. O., Tipke/Lang, Rz. 293〔Englisch〕.

32) A. a. O., Tipke/lang, Rz. 294ff.〔Englisch〕.

33) A. a. O., S. 314f..

34) 三木・前掲注 27)・23 頁

35) この問題については，西山・前掲注 23)が詳しく論じている。そのため，本稿でも当該スキームについては，そこでの説明に基づくことにする。Vgl. auch a. a. O., Birk/Desens/Tappe, Rn. 1740.

36) 西山・前掲注 23)・210 頁。

37) A. a. O., Birk/Desens/Tappe, Rn. 1712ff..

38) 西山・前掲注 23)・215 頁。

39) ドイツ売上税における対価性の問題については，本学会第 24 回大会において奥谷が「消費税の対価性について」として報告させていただいている（租税理論研究叢書 23『税

制改革と消費税』（法律文化社，2013 年）参照）。詳細については，奥谷「消費税におけ
る対価性」修道法学 36 巻 1 号（2013 年）83 頁参照。

40）　A. a. O., Tipke/Lang, Rz. 308［Englisch］.

41）　A. a. O., Tipke/lang, §21 Rz. 132［Roman Seer］.

42）　Vergütung には補償という意味が，Erstattung には償還との意味がそれぞれあり，ド
イツ法上は区別されている。

43）　A. a. O., Tipke/Lang, §6 Rz. 86ff.［Seer］.

44）　三木・前掲注 27）・21 頁。

45）　BStBl. II 1977, 227.

46）　三木・前掲注 27）・22 頁。

3 地方消費課税における税制調和と課税自主権
―――カナダにおける多様な連邦－州消費課税システムの
形成過程と米国への示唆―――

篠　田　　　剛
（立命館大学経済学部准教授）

はじめに

　米国は，OECD 加盟国の中で唯一，中央政府（連邦政府）レベルで付加価値税（value added tax; VAT）を持たない国だが，州政府レベルでは 45 州とワシントン D. C. で小売売上税（retail sales tax; RST）が採用されている。この州 RST の存在が，連邦 VAT の導入の障害の一つとなってきたといわれる。一方，隣国のカナダでは，1991 年に連邦 VAT である財・サービス税（Goods and Services Tax; GST）が導入され，いくつかの州では RST を VAT に転換する動きがみられる。

　RST に代えて VAT を地方消費課税として導入する場合，難問となるのは，連邦や他州と税制を調和させつつ，各州が課税自主権をどのようにして保持しつづけるのか，という点である。RST であれば，小売段階でのみ課税されるため，高度な税制調和を必要とせず，税率や課税ベースについて仕向地州の課税自主権を保持することは比較的容易である。一方で，仕入税額控除を行う多段階課税である VAT の場合，境界統制のない州レベルでは，わが国の地方消費税をみても明らかなように，各州の課税自主権は制約されざるを得ない。

　伝統的な財政連邦主義における政府間税源配分論では，主として中央政府レベルに包括的所得税を配分し，消費課税については中位政府レベルに仕向地ベースの売上税（RST）を配分するとされてきた。[1] しかし，現実には，すでに多くの国で中央政府レベルに VAT が導入されており，中位政府レベルにも VAT が採用されてきている。こうした中で，地方消費課税について論じるには，静態的な規範論によるのではなく，現実の過程を分析し，そこで何が問題

となり，どのように克服されていったのかを跡付けるアプローチが必要である。

　本稿は，カナダにおける州レベルのVAT導入過程を分析することで，税制調和と課税自主権の相克という難問がどのようなかたちで展開をみせたのかを明らかにし，米国に対する示唆を引き出そうとするものである。

I　州レベルの消費課税のバリエーション

　米国とカナダでは，同じ連邦制国家であり，州レベルの消費課税として小売売上税（RST）が採用されてきた点で共通点を持つ。米国では，45の州とワシントンD.C.がRSTを課しており，より下位の地方政府レベルでもRSTを課している。カナダにおける州のRSTは州売上税（Provincial Sales Tax; PST）と呼ばれ，アルバータ州と3つの準州を除く9の州で課されてきた。しかし，1991年に連邦政府が財・サービス税（GST）を導入して以降，PSTを付加価値税（VAT）に転換する州が増え，ケベック州がケベック売上税（Quebec Sales Tax; QST），大西洋カナダの4州とオンタリオ州が協調売上税（Harmonized Sales Tax; HST）を採用し，残るマニトバ州とサスカチュワン州とブリティッシュ・コロンビア州が従来どおりPSTを採用するという，多様な消費課税システムを形成している（表1）。

　米国とカナダの州で採用されている消費課税システムを比較したものが**表2**である。RSTは小売段階のみで課税される税であり，最終消費にかかる売上に課税するため，仕向地ベースの消費型VATと理論的には課税ベースは同一となる。しかし，両者は税務執行上大きな違いを有する。第1に，RSTは仕入税額控除システムを持たず，中間投入財への課税を実際には排除しきれないため，効率性の面からはVATが支持される。第2に，RSTは納税者が小売業者のみであるため，比較的納税者の数が少なく，州レベルでも税務行政が簡素であることから，VATに対して州・地方税としての優位性を持つとの見方もある。第3に，境界統制のない州レベルでは，単段階課税であるRSTであれば州独自の課税ベースや税率を決定できるのに対して，累積排除型の多段階課税であるVATで仕向地主義を実施するには他の課税管轄権との税制調和が不可欠となる。このため，州の課税自主権の立場からはRSTが支持され，効率性の観

表1　カナダの消費課税システム

課税管轄権 （州略称／州の連邦加盟年）		税の 名称	税の タイプ	VAT 導入年	税率 （％）	全税収に 占める比 率（％）	税務行政
カナダ連邦政府		GST／ HST	VAT	1991	5 (GST)	17.3	連邦 （ケベック以外）
東部カナダ	大西洋カナダ	ニューファウンドランド・アンド・ラブラドール（Nfld／1949）	HST	VAT	1997	10	25.1	連邦
		プリンス・エドワード・アイランド（PEI／1873）	HST	VAT	2013	10	27.4	連邦
		ノヴァ・スコシア（NS／1867）	HST	VAT	1997	10	44.2	連邦
		ニュー・ブランズウィック（NB／1867）	HST	VAT	1997	10	15.3	連邦
	中央カナダ	ケベック（Que／1867）	QST (TVQ)	VAT	1991	9.975	16.2	州
		オンタリオ（Ont／1867）	HST	VAT	2010	8	22.3	連邦
西部カナダ	草原州	マニトバ（Man／1870）	PST	RST	—	8	23.1	州
		サスカチュワン（Sask／1905）	PST	RST	—	6	18.4	州
		アルバータ（Alta／1905）	—	—	—	—	—	—
		ブリティッシュ・コロンビア（BC／1871）	PST	RST	(2010)	7	16.8	連邦
準州		ユーコン，ノース・ウェスト，ヌナヴト	—	—	—	—	—	—

（注1）2013 年現在。ただし，税率は 2017 年 8 月現在。
（注2）BC 州は 2010 年に HST に一旦加盟するも，2013 年より PST に戻っている。
（出所）Bird, Richard M. and Michael Smart（2014）"VAT in a Fedral System: Lesson from Canada," *Public Budgeting & Finance*, Winter, p. 40 より，加筆して作成。

点からは VAT が支持される。

　実際，HST は，境界統制を行わず，配分財源にプールされた税収を，「各州の課税最終消費額×各州の税率」によって各州に事後的に配分することで仕向地主義を実現する仕組みをとっている。[4] そのため，課税ベースは連邦 GST と共通化され，税務行政も連邦が担っており，事実上の連邦税となっている。税率は異なっていても機能するが，実際にはオンタリオ州を除いて，税率も統一されている。

　課税自主権の点では，QST は，RST と HST の中間の形態といえる。VAT

表 2　米国，カナダにおける州レベルの消費課税のバリエーション

	小売売上税 Retail Sales Tax（RST）	ケベック売上税 Quebec Sales Tax（QST）	協調売上税 Harmonized Sales Tax（HST）
税の種別	小売売上税	付加価値税	付加価値税
課税段階	小売段階（単段階）	多段階	多段階
清算方式		繰延支払方式	マクロ税収配分方式
課税ベースの決定	◎	○	△
税率の決定	◎	◎	○
税務行政	州	州	連邦
税制の調和度	×	○	◎

（出所）筆者作成。

ではあるが，州は税率決定権も課税ベースの決定権も保持することが可能であるからである。QST の基本的な仕組みは EU における VAT と同様の繰延支払方式（deferred-payment system）である。税関のある通常の国際取引では，商品はゼロ税率で輸出され，その商品を購入した輸出業者は，輸入時に自国の税率で輸入平衡税を税関に支払う。そして輸入業者は最初の国内での販売時点で，輸入平衡税分を仕入税額控除できる。しかし，州間取引では税関が存在しないため，移入平衡税は 0 である。移入業者は州内の最初の販売時点で，移入平衡税 0 を仕入税額控除することにより，「課税売上×自州の税率」がそのまま納税額となる。つまり，移入平衡税のポイントが最初の販売時点に繰り延べられる。もっとも，十分に機能するためには各州にまたがる連邦 VAT の存在が必要であり，ケベック州では，課税ベースについては GST と共通化を進め，QST だけでなく連邦 GST の税務行政についても自ら担うことで簡素化を達成しつつ，税率操作権を行使している。

　このように，州レベルの消費課税には様々なバリエーションが現実に生まれており，この点でカナダの事例は示唆に富む。なぜなら，カナダでは一国内部に PST，QST，HST，そして連邦レベルの GST が併存しており，またそうした多様な消費課税システムは最初から計画されたものではなく，連邦と各州の利害がぶつかりながら歴史的に形成されたものであるため，連邦や各州の選択

を観察することができる。そしてこのことは，同様に州の権限が強い米国における VAT 導入論にも多くの示唆を与えるものと思われる。したがって，まずは，いかにしてカナダにおいて現在のような多様な消費課税システムが形成されていったのか，その形成過程をみてみよう。[6]

II　カナダにおける QST の導入過程と州の課税自主権

1　連邦 GST の導入と全国売上税構想

　カナダにおける最初の連邦売上税は，第一次世界大戦後の 1920 年に導入された取引高税である。その後，1924 年に製造業者売上税に転換し，連邦政府の重要な財源として定着していった。本格的に連邦付加価値税の導入が模索されるようになったのは 1980 年代に入ってからである。1983 年の連邦財務省レポート『Report of Federal Sales Tax Review Committee』を経て，1987 年の『White Paper: Tax reform 1987』において，連邦政府は，既存の製造業者売上税と州の PST を調和させた全国単一の VAT である全国売上税（National Sales Tax）が望ましいとの結論を出した。

　1980 年代の VAT 導入論の背景として，Bird and Gendron（2010）は次の 2 点を指摘している。[7] 第 1 に，連邦政府の財政赤字問題である。当時の連邦財政赤字は対 GDP 比で 8 ％に達していたが，経済のサービス化の中で，製造業者売上税の課税ベースは狭まり，税率も段階的に引き上げられていった。財政赤字問題に対処するには課税ベースの拡大が急務であった。第 2 に，製造業は売上税の好ましくない経済効果への関心の高まりである。製造業者売上税は税収のほぼ半分を投資財の購入など中間投入への課税によって得ており，輸出価格だけでなく，食品のような免税品目の価格にも組み込まれていた。おりしも，米加自由貿易協定の締結を目指していた連邦政府にとって，国際競争力の維持・拡大の観点からも VAT への転換が望まれていた。

　さらに，VAT の効果を最大限に引き出すためには，同じ課税ベースを持つ州の PST を連邦 VAT に調和させ，企業のコンプライアンス・コストと税務行政コストを最小化することが必要であった。そのため，連邦 VAT 導入構想の当初から，連邦政府は全国売上税の導入を追求し，PST 廃止と VAT 導入につ

いて各州に合意を求めていた。

　ところで，ケベック州は人口の多くがフランス系であり，カナダの大部分を占めるイギリス系に対して自治権の強化を訴えてきた歴史を持つ。そうした政治的独立性の強いケベック州が，なぜ他州に先駆けて連邦 GST との調和に動き，PST を廃止して QST を導入したのだろうか。一方で，全国的に統合された消費課税システムを模索していた連邦がなぜ QST のような特異なシステムの導入に合意したのだろうか。[8]

2　ケベック州の決断——反発から受容へ

　全国売上税の構想に対して，課税自主権を奪われることになる各州から強い反発が起こったことは当然であった。1989 年に連邦政府は州政府との交渉を一旦打ち切り，『バジェット・ペーパー（Budget Paper, The Goods and Services Tax)』において，連邦 GST の導入が提案された。それでも，州固有の課税ベースに連邦 GST が課税されること，連邦政府が全国売上税への志向を依然として有していることへの警戒感が州側にはあった。諸州の首相は，「カナダの歴史上もっとも大きな租税強奪（tax grab）である[9]」，「課税権力の連邦逆転（federal inversion）である[10]」として反対したため，1990 年 3 月，連邦財務相 Michael Wilson は，当面の全国売上税導入の断念を宣言した。[11]

　こうした中，ケベック州も当初は全国売上税に反対の姿勢をとっていたが，1989 年末には PST の課税ベース拡大に取り組み始め，「私たちがどういう種類の合意が，州と連邦にとって受け入れ可能かを知るために，より多くの議論をする必要がある」（ケベック州首相 Robert Bourassa）[12]として，連邦との協議継続の姿勢を示すようになった。

　ケベック州の VAT への転換と税制調和への積極姿勢を理解する手がかりは，1988 年 1 月に締結された米加自由貿易協定（Canada-U. S. Free Trade Agreement）に対するケベック州の政治的立ち位置と，当時のケベック州の貿易構造から得ることができる。

　1988 年 11 月の連邦総選挙は，カナダ中で論争を巻き起こした米加自由貿易協定の是非を問う選挙となったが，政権政党であった進歩保守党が単独過半数

を得て勝利した。しかし，州別にみると，多くの州で米加自由貿易協定に批判的であった自由党が議席を伸ばしており，連邦進歩保守党が議席を伸ばしたのは，ケベック州とアルバータ州のみであった[13]。言い換えれば，ケベック州は，連邦 GST 導入の要因の一つであった米加自由貿易協定を支持する数少ない州の一つであったことを示している。

　米加自由貿易協定（発効は 1989 年 1 月）に対するケベック州の支持の背景には，ケベック州の貿易構造の変化がある。協定発効後のケベック州の輸出の変化について，図 1 をみてみると，州際輸出と国際輸出の対州内総生産比で規模が大きく逆転していることがわかる。なお，ケベック州と同様の変化がアルバータ州にもみられる。また，ケベック州の輸出相手国としてはもともと米国が最大であるが，相手国別の対米輸出比率は 1990 年の 75.71％から 1996 年には 80.45％に上昇しており，同国への依存度を高めている[14]。さらに，ケベック州の同期間の輸出品目の順位も「製紙，板紙及び紙製品」にかわって，「電子・電子機械および機器」がトップとなり，「アルミニウム及びアルミニウム製品」が順位を上げている[15]。ケベック州はカナダの中でも最も製造業に依存した産業構造を持つ州であるが，輸出品目の変化はケベック州の主力産業の変化を反映している[16]。

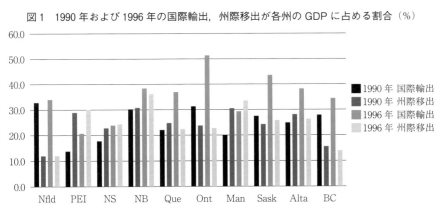

図 1　1990 年および 1996 年の国際輸出，州際移出が各州の GDP に占める割合（％）

（出所）Statistics Canada, Agriculture Division (2002) *Provincial Trade Patterns*, Agriculture and Rural Working Paper Series, Working Paper, No. 5, p. 8 より作成。

こうした中，国際競争力に関心を持つケベック産業界も積極的な働きかけを行った。ケベック州のロビー団体である商工会議所（Chambre de Commerce et d' Industrie de Québec）や経営者会議（Counseil du Patronat）は，州 VAT の導入と連邦 GST との税制調和を訴えた[17]。また，ケベック州製造業者協会（Québec Manufactures Association）も後に「税制調和は多くのことをなす」と述べているように，当初から産業界が最も危惧したのは，同じ課税ベースに連邦と州で異なる税が課されることによるコンプライアンス・コストの増大であった[18]。

3 ケベック州の要求と連邦政府の戦略的妥協

1990 年 7 月，ケベック州政府はついに，GST に調和させた QST の導入を強く示唆するに至った。しかし，「考えられる条件として，簡素性と企業と政府のコスト削減の点で最も魅力的なものは，ケベック州によって管理される，GST とケベックの売上税の統一された行政を実施することである」（ケベック州予算庁長官 Daniel Johnson）[19]とし，ケベック州による税務行政をその条件とした。VAT への転換と GST との税制調和と引換えに，課税自主権を確保すべく自州の税を自州で管理することを要求したのである。

こうした QST の提案は，連邦政府が当初から目指していた全国売上税構想とは異なるものであるが，連邦政府はケベック州の提案に賛同した。それは，次の 2 点を期待してのことであった。第 1 に，より短期的な問題として，GST 導入に関する連邦議会上院での議論の追い風となることである。上院では GST に反対する自由党が過半数を占めていたため，GST の導入が危ぶまれていた[20]。第 2 に，ケベック州との合意が他州に連邦 GST との調和に向けたプレッシャーを与えることである。連邦財務相 Michael Wilson は，ケベック州との合意について，より良い全国売上税システム構築に向けての「重要な一里塚（important milestone）」であると述べている[21]。いわば，連邦政府による戦略的妥協である。

結局，連邦政府はケベック州の条件を承認し，1990 年 8 月 30 日，ケベック州政府と連邦政府は QST の導入で合意した（ケベック―連邦合意）[22]。ケベック州財務相 Gerard D. Levesque は，この合意を「連邦権限の前例のない委任」で

あり，「この領域における租税政策の方向と運営に対するケベック州のコントロールに強固な守りを敷くもの」として高く評価した。[23)]

　以上みてきたように，ケベック州は他州に先駆けて GST との調和に乗り出すことで，産業界の支持の下，連邦政府から譲歩を引き出し，課税自主権の重要な要素である自州の税務行政の保持を勝ち取ったといえる。こうして，1991年1月1日，連邦政府が GST を導入すると同時に，ケベック州は QST を導入した。ここに，今日のカナダの多様な消費課税システムが最初の姿を現すことになった。

Ⅲ　カナダにおける HST の導入過程

1　連邦自由党政権による全国 VAT の提言と太平洋 3 州の HST 加盟

　GST の導入というカナダ財政史における大きな変革を実行したマルルーニの進歩保守党は，1993年の連邦総選挙で歴史的な敗北を喫することとなった。進歩保守党の議席は前回の 169 議席から実に 2 議席まで後退した。かわって政権政党となったのは自由党であり，83 議席から 177 議席への大躍進であった。Eccleston（2007）が，「マルルーニ政権は，GST を導入するための制度的キャパシティを持っていたが，1993年の連邦選挙が明確に証明したように，正当性（legitimacy）の欠如が，それを政治的に脆弱なままにした」と指摘するように，[24)]進歩保守党の大敗は，国民に不人気だった GST を強引に導入したことによるところが大きい。これに対し，自由党は GST を「取り替える（replace）」ことを公約とし，進歩保守党の「正当性の欠如」を突いて大勝した。

　財務相に就任した Paul Martin は，公約どおり GST を「取り替える」ための検討に入り，1994年6月，下院財政委員会はその成果を報告書『Replacing the GST: Option for Canada』としてまとめた。[25)]しかし，同委員会の結論は，「GST の問題を解決する『特効薬』は存在しない」というものであった。[26)]それゆえ，GST の代替案の設計においては，再び莫大な移行のコストを払うのではなく，「GST を連邦と州との統合された付加価値税——全国 VAT（National VAT）」を提言するとした。[27)]この提案は，まさにかつてマルルーニ進歩保守党政権が構想した全国売上税（National Sales Tax）への回帰である。

その理由として，同報告書は，第1に，連邦と州の「二つの分離した売上税レジームに対処しなければならない納税者のコスト」を挙げている[28]。第2に，「ビジネス投入への州売上税のためにカナダの輸出は競争上不利なまま」であり，また，「輸入製品と比較したときにカナダ市場においてカナダ製品を不利にさせうる」点を挙げている[29]。すなわち，企業のコンプライアンス・コストを削減し，企業の中間投入財への PST の課税を取り除くために，連邦と州の消費課税システムを統合した全国 VAT が必要であるという論理であった。

クレティエン自由党政権は，この下院財政委員会の勧告を受けて，売上税制の調和に向けて州政府との交渉を本格化させることとなる。GST を「取り替える」という公約は，GST を「廃止する」ことではなく，連邦 GST と州の売上税との「統合を進める」ことである，という論理にシフトしており，事実上の公約破棄といえる[30]。もとより，州政府側はマルルーニ政権の全国売上税構想のもとでも税制調和に反対していたのであり，GST の不人気が明白となったもとでの交渉は当然いっそう困難なものとなった[31]。

州政府との交渉が膠着状態に陥る中，連邦政府は，すべての州政府との合意ではなく，比較的好意的だった大西洋カナダ諸州との合意を優先させた。Bird and Gendron（2010）が「小さな大西洋州4州のうち3州が露骨な1回限りのわずか10億ドルにもみたない財政支援と引き換えに州の小売売上税を新しい州付加価値税によって置き換えた」と評したように[32]，ニューファウンドランド・アンド・ラブラドール，ノヴァ・スコシア，ニュー・ブランズウィックの3州が，財政支援が決定打となるかたちで，GST との税制調和に合意するに至った。これにより，大西洋3州で PST が廃止され，1997年4月1日より，協調売上税（HST）が実施されることになった。

HST は QST とは異なり，連邦消費税法（Excise Tax Act）にもとづく事実上の連邦税である。HST 加盟州以外では連邦 GST 税率7％（当時）が課税されるが，HST 加盟州では税率15％が課され，うち8％分（当時）が加盟州に仕向地ベースで事後的に配分される仕組みである。先の下院財政委員会の報告書は QST の仕組みを想定していたため，HST が導入されたことは，同報告書よりも完全な連邦—州間の税制調和が実現したことを意味する。こうして，カナダ

の消費課税システムに新たな消費課税として HST が加わった。

2 オンタリオ州と BC 州の HST 加盟

　その後ながく税制調和の動きは停滞していたが，2006 年 2 月に誕生したハーパー連邦保守党政権は，カナダ経済の競争力強化の観点から，広範な減税政策とあわせて，長年の懸案である連邦と州の売上税調和を推進する立場を明確にした[33]。黒字財政を背景に，連邦政府が 2008 年 1 月から GST 税率を 5 ％に引き下げ，HST 税率が 13％（州部分は 8 ％のまま）に引き下げられることになったことも，州の HST 新規加盟を促進すると期待された。

　連邦政府の働きかけを受けて，オンタリオ州は HST 加盟の意思があることを表明した。しかし，HST に加盟すれば GST と課税ベースが共通化され，PST のもとで課税対象となっていない生活必需品にも広く課税されることから，実質的な増税を回避する何らかの方法の採用を条件としていたため，結局，2007 年 11 月末には売上税調和の交渉は一旦中断することになった。ところが，2009 年 1 月，オンタリオ州は一転して，「私はまさに今，われわれが過去に拒否してきた多くの領域において再考を与える必要があると考えている」（オンタリオ州首相 Darton McGuinty）と，再び売上税調和に前向きな立場を公にした。そして，ついに 2010 年 7 月 1 日から州の「抜本的な租税システム改革」の一環として HST に加盟することを発表した[34]。

　一方，ブリティッシュ・コロンビア州（以下，BC 州）はオンタリオ州が HST 加盟を表明した後も，PST 保持の姿勢をとっていた。2009 年 5 月に州選挙を控えていた BC 州自由党政権は，「調和された GST は州政府の一方的に売上税率を調整する能力を減少させる」[35]として，州の課税自主権を制約する HST への加盟を否定した。ところが，州選挙に勝利した後，BC 州自由党政権は，突如一転してオンタリオ州と同じ 2010 年 7 月 1 日からの HST 加盟を表明した[36]。BC 州自由党政権のこの決定は，明白な選挙公約の撤回であった。

　なぜ，オンタリオ州と BC 州は 2009 年に入って急に HST への加盟を決定したのだろうか。これについて，Bird and Gendron（2010）は，次の 3 点を指摘している。第 1 に，大西洋 3 州の HST の経済効果に関する研究に説得された[37]

94

こと，第2に，連邦政府から非常に好条件での加盟を認められたこと，第3に，課税ベースの拡大により PST と同一税率での HST への移行は増収を意味したこと，である[38]。

　上記2点目の「好条件」の中には，連邦による移行コストの負担（財政支援）のほか，既存の HST 加盟州以上の課税ベースの逸脱の受け入れが含まれていた。さらに，BC 州は PST 税率が7％であったため，他の HST 加盟州と同じ8％ではなく，7％の税率での HST への加盟が認められた。BC 州首相 Campbell は「連邦政府とのさらなる議論を通じて，われわれは，追加的なフレキシビリティを知った。それは，州に独自の税率設定を許すというものである」と述べ，税率決定権の保持が，HST 加盟決定にとって重要な変更であったことを明らかにした[39]。州の課税自主権の要求を受け入れた「フレキシビリティ」は，HST 加盟州を拡大するために行った連邦政府側の妥協であり，これにより HST はより複雑なシステムとならざるを得なかった。税制調和と課税自主権の相克は HST 自体をも変化させたといえる。

　もっともこれらの条件は，両州の HST 加盟を容易にはしたが，なぜ2009年というタイミングで両州が HST 加盟に積極的になったのかを説明するものではない。言い換えれば，その推進力はなんだったのかということである。これを理解するには，米国のサブプライム・ローン問題に端を発した2008年のリーマン・ショックとその後の世界的な景気後退の影響をみておく必要がある。

　表3は，リーマン・ショック前後の両州経済への影響をみたものである。オンタリオ州では「製造業」，BC 州では「製造業」と「農林水産業」が大きな打撃を受けたことがわかる。実は，カナダ全州でみてもマイナス成長を記録したのは，すでに HST に加盟しているニューファウンドランド・アンド・ラブラドール州（－1％）を除けば，オンタリオ州（－0.2%）と BC 州（－0.1%）だけであった。カナダ最大の経済規模を持つオンタリオ州は，米デトロイトと地理的に近く，自動車産業に基盤を置いてきた。BC 州もまた米国向けの住宅用木材の輸出が盛んであり，米国の自動車産業の販売不振と住宅需要の落ち込みの影響が両州を直撃したといえる。

　2008年に生じた経済条件の変化は，オンタリオ州の HST への姿勢を転換す

表3　2007 年と 2008 年のオンタリオ州と BC 州における産業別国内総生産

（単位：2002 年連鎖百万ドル）

オンタリオ州

	2007 年		2008 年		前年比 (%)
	金額	構成比 (%)	金額	構成比 (%)	
農林水産業	5,080	1.0	5,128	1.0	1.0
鉱業・オイル・ガス	2,582	0.6	2,727	0.6	5.6
電気・ガス・水道	9,931	2.0	9,996	2.0	0.7
建設業	26,148	5.5	25,625	5.2	−2.0
製造業	92,173	18.3	85,368	17.4	−7.4
卸売業	31,322	6.5	30,950	6.3	−1.2
小売業	27,506	5.7	28,187	5.8	2.5
運輸・倉庫業	18,697	3.8	18,611	3.8	−0.5
情報・文化産業	19,617	4.0	19,885	4.1	1.4
金融・保険業，不動産業，企業経営	110,660	22.5	112,807	23.1	1.9
専門・技術的サービス業	27,028	5.6	27,214	5.6	0.7
オフィス管理・廃棄物処理業	14,860	3.1	14,729	3.0	−0.9
教育	23,452	4.6	23,986	4.9	2.3
ヘルスケア・社会福祉	19,997	6.1	30,621	6.3	2.1
芸術・娯楽・レクリエーション	4,791	1.0	4,795	1.0	0.1
宿泊・飲食業	9,808	2.0	10,002	2.0	2.0
その他サービス業	12,264	2.5	12,610	2.6	2.8
政府関係	25,380	5.3	26,007	5.3	2.5
全産業	492,897	100.0	491,833	100.0	−0.2

BC 州

	2007 年		2008 年		前年比 (%)
	金額	構成比 (%)	金額	構成比 (%)	
農林水産業	4,555	3.1	3,885	2.6	−14.7
鉱業・オイル・ガス	4,474	2.8	4,355	2.9	−2.7
電気・ガス・水道	3,316	2.2	3,185	2.1	−4.0
建設業	8,996	6.3	9,370	6.2	4.2
製造業	15,593	10.5	13,955	9.3	−10.5
卸売業	7,931	5.5	7,647	5.1	−3.6
小売業	10,031	6.5	10,091	6.7	0.6
運輸・倉庫業	9,691	6.3	9,717	6.5	0.3
情報・文化産業	5,576	3.8	5,702	3.8	2.3
金融・保険業，不動産業，企業経営	34,521	22.4	35,327	23.5	2.3
専門・技術的サービス業	6,913	4.5	7,014	4.7	1.5
オフィス管理・廃棄物処理業	3,344	2.2	3,422	2.3	2.3
教育	7,744	5.0	7,968	5.3	2.9
ヘルスケア・社会福祉	9,560	6.3	9,855	6.6	3.1
芸術・娯楽・レクリエーション	1,866	1.2	1,852	1.2	−0.7
宿泊・飲食業	4,572	3.1	4,618	3.1	1.0
その他サービス業	4,535	2.9	4,638	3.1	2.3
政府関係	7,560	5.2	7,846	5.2	3.8
全産業	150,412	100.0	150,239	100.0	−0.1

（出所）栗原（2011）『現代カナダ経済研究――州経済の多様性と自動車産業』東京大学出版会，95，97，119，121 ページより作成。

るのに十分であった。HST への加盟を公表した 2009 年度予算において，「米国経済は——オンタリオにとってその輸出のほとんどの仕向地として決定的に重要であるが——最も深い低迷の一つの中心」であり，特に「自動車部門はオンタリオ製造業の主要な構成要素であり，その経済の重要部分である」とし，HST 加盟はオンタリオ州の主要産業である製造業企業への支援策として位置付けられた[41]。こうして，かねてから HST 加盟を訴えてきたオンタリオ産業界とオンタリオ州政府の利害が一体化し，HST 加盟の推進力を形成した。

BC 州では，州主要産業の苦境に加え，HST 加盟を決めたもう一つの主要な理由があった。それは，オンタリオ州の HST 加盟それ自体である。BC 州財務相 Colin Hansen が「もし，オンタリオが HST を採用し，われわれがそうしなかったならば，われわれの海外輸出業者は競争的に不利な立場に置かれることになる」と述べているように[42]，西部カナダと中央カナダとの州間競争の要素が多分に含まれていた。

以上のように，連邦政府の売上税調和への積極的な働きかけと，リーマン・ショックを契機とした州主要産業の落ち込み，州間競争によって，連邦政府—州政府—州産業界の利害が一致し，それまで連邦政府との交渉のボトルネックであった課税自主権の保持（課税ベースや税率のコントロールによる消費者や中低所得者への配慮を含む）は相対的に後退し，あくまで HST 内での「フレキシビリティ」の要求にとどまるかたちとなった。そして，2007 年 7 月 1 日より，オンタリオ州と BC 州で PST が廃止され，HST が導入された。

3 BC 州の HST 離脱

BC 州では，先に述べたように，2009 年 5 月までは，HST の加盟を否定していたにもかかわらず，選挙後の 7 月に公約破棄のかたちで，突如 HST 加盟を表明した。このことは，HST 加盟の「正当性の欠如」状態をもたらした。そのため，HST 加盟で課税ベースの拡大によって実質増税となるとみた消費者の不満は，反 HST 運動となり，BC 州政府は激しいバックラッシュに直面することとなった。

BC 州はカナダで唯一，州議会で制定された法律に対して州民が直接拒否を

訴えることができるイニシアチブ・アンド・リコール法（the Initiative and Recall Act）を持っており，同法は請願書に対して BC 州有権者の 10％以上の署名が集まれば，その請願書を議会の投票にかけるか，レファレンダム（住民投票）を実施しなければならないと定めている。反 HST 運動は，2010 年 6 月末に 70 万近い署名を集め，BC 州選挙管理委員会に提出した。[43]

　反 HST 運動が提出した請願書は，2010 年 8 月 11 日，BC 選挙管理委員会によって基準を満たしていることが認められた。これにより，州議会の委員会は，議会の投票かレファレンダムかを選択することになったが，与党自由党が多数を占める委員会は後者を選択した。なぜなら，第 1 に，レファレンダムは 2011 年 9 月 24 日までに行えばよく，それまでに州民の HST への関心は薄まるとみていたこと，第 2 に，レファレンダムの結果が拘束力を持つには，登録された有権者の 50％以上の賛成を，しかも 85 の選挙区のうち 57 の選挙区で満たさねばならないという高いハードルが設けられていたからである。

　一方，産業界はスマート・タックス連盟（Smart Tax Alliance）を結成し，HST 支持を訴えつづけていたが，2010 年 11 月 3 日，HST をめぐる州自由党の支持率低下を背景に，州首相 Campbell は，突然の辞任を発表した。[44] 後を継いだ Christy Clark 首相はレファレンダムの日程を当初予定していた 2011 年 9 月から 6 月に前倒しすると発表し，BC 州財務相 Kevin Falcon は，州民が HST の存続を認めれば，HST 税率の引き下げ，法人税率の引き上げ，子供のいる家庭や低中所得高齢者向けのリベート，中小企業減税の延期を行うと約束した。[45] また，Falcon は産業界に HST 存続を助けるよう求め，「ビジネス・コミュニティの大多数は私の行うことを支持している」と述べた。[46]

　しかし，州政府と産業界による直前の妥協案も，州民の HST への反発を最終的に抑えることはできなかった。レファレンダムは 2011 年 8 月 5 日までの期間，郵送にて行われ，賛成が約 54％に達し，HST を廃止して PST と GST が併存する元の売上税システムに戻ることが支持された。レファレンダムの結果を受けて，BC 州では 2013 年 4 月 1 日より再び PST が導入されることになった。オンタリオ州と BC 州の HST の命運を分けたものは何だろうか。2010 年 9 月 3 日付の The Globe and Mail 紙の世論調査によれば，家計への直接の影

響というよりは州政府の対応にあったことが伺える。「州政府は HST の実施決定の説明においてよい仕事を行ったか」との問いに対して，オンタリオ州では「良い仕事を行った」との回答が 12% であるのに対し，BC 州では 3 ％にとどまった。また「非常に悪い仕事を行った」との回答はオンタリオ州の 45% に対して，BC 州では 75% であった。

Ⅳ　米国における消費課税改革への示唆

1　連邦 VAT と多様な州売上税との共存可能性

　これまで，カナダにおける多様な消費課税システムの形成過程をみてきたが，こうしたカナダにおける過去 30 年間の実践が，連邦レベルで VAT を依然として持たず，州レベルで RST が採用されている米国にどのような示唆を与えるだろうか。

　Bird and Smart（2014）は，カナダは地方消費課税として 3 つの非常に異なるモデルを提示していると指摘する。第 1 に，QST と連邦 GST の「二元的 VAT（dual VAT）」である。税率は州と連邦で独立に設定され，課税ベースもまた独立に決定される。州が税務行政を担い両方の税の徴収を行っている。EU と同様の繰延支払方式を採用しているが，連邦 VAT の傘の下で機能している。第 2 に，5 つの州が採用する連邦 GST と同一課税ベースの HST である。税務行政は連邦政府によって担われるが，各州で異なる税率の設定が可能であり，税収は課税消費額にもとづいて各州に配分される。配分方式によって疑似的に仕向地ベース課税が実現される。最後に，3 つの州が採用する RST である。連邦 GST と並行して課され，それぞれの政府によってそれぞれの税務行政が担われる[47]。

　そのうえで，Bird and Smart（2014）は，カナダの州レベルの消費課税のいずれの形態も，連邦 VAT を運用するうえで完全に実現可能であるという。もっとも，HST がより効率的であり，経済的観点からは RST より VAT が望ましいとし，「カナダの経験は，ある国は連邦 VAT と地方 VAT の両方を持つことができること，そして，少なくともその国が満足できる連邦 VAT を持つならば，地方 VAT は連邦制国家で機能しうることを示している」と指摘する[48]。

99

このことは，連邦レベルの VAT と州レベルの VAT は共存できるだけでなく，後者にとって前者の存在が重要であることを意味する。QST の下で，EU における「カルーセル詐欺（carousel fraud)」のような問題を引き起こさないのは，すべての国内の州際課税取引を連邦 GST が補足しているからである。したがって，もし米国において連邦 VAT が導入されたとしても，米国の各州は RST を保持しつづけることもできるし，QST タイプの VAT や HST タイプの VAT を採用することも可能であることを示唆している。

　McLure（2010）は，カナダの経験を踏まえ，より具体的に米国の消費課税システムについて論じている。[49] 表 4 は，MacLure（2010）が検討した連邦—州—地方の消費課税システムのオプションとその評価である。結論的には，オプション番号 3 の連邦 VAT —州 VAT —地方 RST の組み合わせを実現可能で最も望ましいとしているが，初期にはオプション番号 1 の連邦 VAT —州 RST —地方 RST もあり得るとしている。そして，州 VAT の形態としては QST タイプを，州 RST としては IST（Integrated Sales Tax）を望ましいとしている。IST とは，概念的に純粋な RST であり，登録事業者間の取引にはゼロ税率が

表 4　米国における連邦売上税と州および地方売上税との調和のオプション

連邦税	VAT				RST			
州税	RST（IST を含む）		VAT		RST		VAT	
地方税	RST	VAT	RST	VAT	RST	VAT	RST	VAT
オプション番号	1	2	3	4	5	6	7	8
オプションの評価	少なくとも初期にはもっともあり得る	実現不可能	実現可能：④より望ましい	地方 VIVAT または地方 CVAT を伴えば実現可能だが，最適ではない	行政上・コンプライアンス上の問題，および脱税への脆弱性から，連邦 RST は望ましくない			

（注1）IST（Integrated Sales Tax）は，概念的に純粋な形の RST であり，その完全な税務行政のためにはより上位の政府の VAT の存在が必要である。
（注2）オプション①の地方 RST は，同じタイプの州 RST に対するサーチャージとして，標準的な RST または IST でありうる。
（出所）McLure, Charles E., Jr. (2010) "How to Coordinate State and Local Sales Taxes with a Federal Value Added Tax," *Tax Law Review*, Vol. 63, No. 3, p. 647 より作成。

適用され，州内のＢ２Ｃ取引には各州の税率が適用される。ただし，その実施には，事業者登録と適格性の証明のために全米をカバーする連邦 VAT の存在が前提される。

理想的な売上税の要件として，McLure（2007）は次の 7 点を挙げている。[50]①一つの課税管轄権における消費者への販売は単一の税率で課税されること，②企業への販売はすべて控除ないし免税されること，③仕向地原則で課税されること，④過度のコンプライアンス・コストと行政コストなしに①〜③が実現されること，⑤各政府は自身の税率を課す権限を持つこと，⑥連邦と州の課税ベースの間に十分な適合化がなされていること，⑦連邦と州の税務行政の間に十分な協力が存在すること，である。したがって，州の課税自主権としては，税率決定権のみが重視され，課税ベースや税務行政においては高度な調和が求められることになる。このことが，連邦 VAT を前提とした州レベルの QST タイプの VAT や IST タイプの RST に対する高評価の背景にある。

2 税制調和と課税自主権——比較地方消費課税の視点

以上のように，カナダの経験は，確かに連邦 VAT の存在が州レベルの多様な消費課税システムを機能させるうえで欠かせない条件であることを示しており，連邦 VAT が導入されたならば，州レベルの消費課税については，多くの選択肢があり得ることを証明した点で重要である。しかし，カナダの消費課税システムの形成過程の分析は米国に対して別の示唆も与えている。

第 1 に，連邦 VAT の導入そのものが，各州との関係だけをみても，けっして容易ではないということである。マルルーニ進歩保守党政権が GST を導入する際に，州固有の課税ベースに連邦が新たな税を課すことについて大きな抵抗があったように，米国でも当然州側の激しい抵抗が予想される。[51]しかも，カナダの場合は既存の連邦売上税（製造業者売上税）からの移行であったのに対し，米国の場合は全くの新税となる。仮に州との税制調和を志向しなかったとしても，進歩保守党が GST 導入後の選挙で大敗したように，全国的な合意を形成できなければ，「正当性の欠如」がもたらす政治的代償は大きいだろう。

第 2 に，仮に連邦 VAT が導入できたとしても，州との税制調和は困難かも

しれない。連邦 VAT が導入されれば産業界はコンプライアンス・コストの増大を嫌って，連邦—州間の売上税調和を求めるだろうが，課税ベースを連邦と共通化すれば，消費者にとっては州税の課税ベース拡大となり実質増税となる。結局，州の課税自主権に配慮した何らかの「フレキシビリティ」を認めざるを得ず，BC 州の HST 離脱のプロセスでみたように，場合によっては従来の RST が支持されることもあり得る。

　さらに，米国の場合は州間あるいは州—地方間の税制調和にも大きな障害がある。州を越えたオンライン販売に関する使用税徴収問題に端を発した売上税簡素化プロジェクト（Streamlined Sales Tax Project; SSTP）は，州間の売上税調和の取り組みとして画期的ではあるが，そもそも SSTP は州間の課税ベースの共通化を求めるものではないし，カリフォルニア州やニューヨーク州など多くの重要な州の簡素化が未達成であり，各州の利害と課税自主権の壁は容易には超えられないことを示している。[52]米国の場合，36 州でより下位の地方レベルの売上税が存在しており，カナダ以上に税制調和の障害は大きい。課税自主権は税率決定権だけでよいという McLure（2007）の主張は，米国の現実とかなりの開きがあると言わざるを得ない。

　第 3 に，消費課税システム改革の推進力がどこにあるか，という問題である。カナダの場合，連邦 GST の導入，全国 VAT の推進，QST の導入，そして HST 加盟のいずれにおいても，国際競争力の維持と対米経済関係が主要な動機となり，産業界の働きかけが推進力となっていた。米国において SSTP がまがりなりにも進展したのも，伝統的小売企業がオンライン販売企業との競争条件の不利に対抗するために州に協力したことが背景にある。米国で連邦 VAT の導入が可能かどうか，税制調和がどのように進むか，どのような連邦—州—地方の消費課税システムが形成されるかは，既存の制度に対してどのような改革の推進力が働くかによって規定される。トランプ政権下で，仕向地ベースのキャッシュフロー法人税（国境調整税）が提起された背景には，カナダの VAT 導入と同様の推進力をみることができる。しかし，米国の場合，それが VAT の導入ではなく，法人税改革として提起されている点に特殊性がある。

　税制改革は税制そのものの合理性だけでなく，政治の産物である。各国の地

方消費課税の比較を行う場合にも，その外形的な制度の比較だけでなく，その制度を安定させている条件と同時に，その制度を変化させる条件に注目し，「制度変化の過程」として比較することが，その制度の性格を評価するうえで重要であると考える。世界的に類をみないカナダの多様な消費課税システムも，けっして最初から計画されたものではなかった。このこと自体が重要な示唆である。比較地方消費課税の視点として，税制調和と課税自主権の相克を制度変化の推進力との関係で研究することが求められている。

注
1) 伝統的な財政連邦主義（Fiscal Federalism）の議論の特徴は，政府間の財政機能配分から政府間の税源配分を導出する点にある。Cf. Musgrave, Richard A. (1980) "Who Should Tax, Where, and What ?," in Chares E. McLure, Jr., ed., *Tax Assignment in Federal Countries*, Australian National University.
2) 米国では通信販売やオンライン販売など仕向地州に店舗などの物理的実体を有しない遠隔地販売については使用税（use tax）の対象となり，納税義務者が小売業者ではなく消費者となる。しかし，実質的には機能しておらず，近年のオンライン販売の拡大のもとで問題となっている。
3) 宮島洋（1986）『租税論の展開と日本の税制』日本評論社，54ページ。
4) HST の詳しい清算方法については，持田信樹・堀場勇・望月正光（2010）『地方消費税の経済学』有斐閣を参照されたい。持田・堀場・望月（2010）は，HST のような清算方式を「マクロ税収配分方式」と呼んでいる。
5) この繰延支払方式について，持田・堀場・望月（2010）は，「移出業者が移入業者に商品を販売するとき，いったん仕入税額控除の連鎖を切断して清算するアイデア」(p.33) と述べている。これにより，州は独立の清算機関なしに課税自主権を確保できる。
6) 本稿のカナダの QST の導入過程における記述の多くは，篠田剛（2012）「カナダの消費課税システムにおけるケベック売上税（QST）——QST 導入過程の分析を中心に」日本財政学会編『財政研究第8巻　社会保障と財政——今後の方向性』有斐閣，176〜198ページによっている。また，カナダの HST の導入過程については，篠田剛（2013）「カナダにおける売上税制調和と州の課税自主権——オンタリオ州とブリティッシュ・コロンビア州を中心に」『商経論叢』第64号，1〜27ページによっている。紙幅の関係上，本稿では概略を述べるにとどまるため，詳細については上記の拙稿を参照されたい。
7) Bird, Richard M. and Pierre-Pascal Gendron (2010) "Sales Taxes in Canada: The GST-HST-QST-RST"System", Tax Law Review, Vol. 63, No. 3, p. 523-525.
8) Brird and Gendron (2010) も，なぜ連邦がケベック州とのこの特異な合意に至ったのかは必ずしも明らかでないことを指摘している。Cf. *Ibid.*, pp. 527-528.
9) *The Financial Post*, August 22, 1989.
10) *The Financial Post*, November 6, 1989.

11) *The Financial Post,* March 19, 1990.

12) *The Financial Post,* March 19, 1990.

13) 岩崎美紀子（1991）『カナダ現代政治』東京大学出版会，175 ページ。

14) 数値は，Industry Canada website, *Trade Data Online* を参照した。

15) *Ibid.*

16) ケベック州の産業構造については，栗原武美子（2011）『現代カナダ経済研究——州経済の多様性と自動車産業』東京大学出版会，95〜103 ページ，参照。

17) *The Globe and Mail,* April 11, 1990.

18) Cf. Canada. House of Commons, Standing Committee on Finance（1994）Ninth Report, *Replacing the GST: Option for Canada,* 35th Parliament, 1 st Session, June, p. 18.

19) *The Globe and Mail,* July 13, 1990.

20) しかし，結果的には自由党の反対を覆すことはできず，1990 年 12 月，史上初の憲法 26 条を行使する強硬策によって，議席数の逆転を図ってようやく法案は上院で可決された。知念（1995），前掲書，165 ページ，参照。

21) *The Globe and Mail,* July 13, 1990; *The Financial Post,* July 13, 1990.

22) この合意を受けて，ケベック州は 1991 年にまずすべての財について GST と課税ベースを一致させ，1992 年までにほぼすべてのサービスについても課税ベースを一致させるという 2 段階のアプローチをとることを決定した。

23) *The Financial Post,* August 31, 1990.

24) Eccleston, Richard（2007）*Taxing Reforms: The Politics of the Consumption Tax in Japan, the United States, Canada and Australia,* Edward Elgar, p. 110.

25) Canada. House of Commons, Standing Committee on Finance（1994），*op. cit.*

26) *Ibid.,* p. 37.

27) *Ibid.,* pp. 39-40.

28) *Ibid.,* p. 3.

29) *Ibid.,* p. 4.

30) なお，当時の一般売上税改革をめぐる論争については，池上岳彦（1998）「カナダの連邦・州間税源配分と一般売上税改革」日本地方財政学会編『高齢化時代の地方財政』勁草書房，221〜242 ページが詳しい。

31) 片山信子（1995）「カナダの GST（財・サービス税）にみる税制改革と国民の理解」『レファレンス』第 45 巻第 7 号，76 ページ，および 80〜81 ページ。

32) Bird and Gendron（2010），*op. cit.,* p. 547.

33) 「売上税調和イニシアチブを完成させるべく諸州と前進することは，州の資本課税の完全な除去と一体となって，2011 年までに G 7 各国の中で最も低い新規投資に対する税率をカナダにもたらすだろう」（連邦財務相 James Flaherty）。Cf. *The Calgary Herald,* July 25, 2007.

34) Ontario Ministry of Finance（2009）*2009 Ontario Budget, Confronting the Challenge: Building Our Economic Future,* Queen's Printer for Ontario, March, p. 107.

35) *The Vancouver Sun,* July 28, 2009.

36) *Prince Rupert Daily News,* Jury 23, 2009.

37) Cf. Smart, Michael (2007) "Lessons in Harmony: What Experience in the Atlantic Provinces Shows about Benefits of Harmonized Sales Tax," *C. D. How Institute*, No. 253, July; Mintz, Jack M. (2010) "British Columbia's Harmonized Sales Tax: A Giant Leap in the Province's Competitiveness," *The School of Public Policy*, University of Calgary, Vol. 3, Issue 4, March.

38) Bird and Gendron (2010), *op. cit.*, pp. 542-543.

39) *The Vancouver Province*, June 30, 2010.

40) Ontario Ministry of Finance (2009), *op. cit.*, p. 3.

41) *Ibid*, pp. 15-16.

42) *The Vancouver Province*, July 28.

43) *The Globe and Mail*, June 30.

44) *The Toronto Star*, November 4.

45) *The Globe and Mail*, May 26.

46) *The Globe and Mail*, May 28.

47) Bird, Richard M. and Michael Smart (2014) "VAT in Federal System: Lessons from Canada," *Public Budgeting & Finance*, Winter, pp. 58-59.

48) *Ibid.*, p. 59.

49) McLure, Charles E., Jr. (2010) "How to Coordinate State and Local Sales Taxes with a Federal Value Added Tax," *Tax Law Review*, Vol. 63, No. 3, pp. 639-704.

50) McLure, Charles E., Jr. (2007) "Harmonizing the RSTs and GST: Lesson for Canada from the Canadian Experience," *Tax Note International*, Vol. 45, No. 5, pp. 440-441.

51) アメリカでは売上税は歴史的に州が独占しつづけてきた領域であり，1932年の連邦製造業者売上税の導入の試みもそのために挫折している。Cf. Eccleston (2007), *op. cit.*, p. 166.

52) SSTP に関する詳細は，篠田剛（2007）「米国インターネット課税問題と州間租税協調」日本財政学会編『財政研究第3巻　格差社会と財政』有斐閣，248～269ページ；篠田剛（2009）「地方消費課税と課税自主権——アメリカ小売売上税改革の理論と現実」諸富徹編著『グローバル時代の税制改革——公平性と財源確保の相克』ミネルヴァ書房，321～344ページ，参照。

53) この課題については，制度変化を分析するための方法論を深める必要がある。Cf. Eccleston (2007), *op. cit.*; Eccleston, Richard and Richard Krever (2017) *The Future of Federalism: Intergovernmental Financial Relations in an Age of Austerity*, Edward Elgar.

4 EU における付加価値税の見直し

湖 東 京 至
（元静岡大学教授・税理士）

I EU 委員会の付加価値税見直し提言「アクションプラン」に至る背景

本年（2016 年）4 月 7 日，EU 委員会は衝撃的な付加価値税見直し案を提言した。題して「付加価値税アクションプラン（VAT Action Plan）」という[1]。もともと EU 圏で統一税制として実施した付加価値税（VAT, Value Added Tax）の基本的仕組みは EU の単一市場化に合わせて 1993 年に「暫定的（transitional）」なものとして施行された制度であった。

この暫定的な仕組みに修正を加えながら，2006 年に EU 委員会の指令が出されており，さらに，EU 委員会は 2011 年 6 月 12 日，ヨーロッパ議会およびヨーロッパ経済・社会委員会からの指示文書，「付加価値税のあるべき姿―付加価値税の仕組みをより簡素化し，強固にし，効率化して単一市場に適合するために―[2]」を発表している。この指示文書の結語には，「EU における付加価値税の仕組みを見直し，確実なものにするため，当委員会は，改革の脚本を加盟国に定期的に報告していく。そして新しいアクションを起こす[3]。」とある。

2011 年に提起された新しいプランがついに本年（2016 年）4 月に発表されたのである。発表されたアクションプランの柱は，暫定的な付加価値税の仕組みから，恒久的な仕組みを目指すもので，ポイントは次の 3 点である[4]。

① 輸出免税制度（ゼロ税率）の廃止と新しい消費地主義（仕向地主義）のための仕組みの提言。

② 軽減税率の見直しと最低標準税率の確認。

③ 中小事業者の負担軽減のために付加価値税を簡素化すること。

本稿ではこれらのポイントについてわが国の現状と比較しつつ具体的に検証していく。なお，EU が付加価値税を統一的な税制としているのには理由がある。すなわち，EU の加盟国は EU に付加価値税収の 0.3％を上納・拠出しなければならない。拠出金の 0.3％は各国の付加価値税収に占める割合からすれば微小な金額であるが，EU 全体の歳入予算に占める各国の付加価値税拠出金の割合は 10％弱を占めており，軽視できない額となっている。[5] したがって，EU に加盟するには EU 指令に準ずる付加価値税の導入が不可欠となっている。

Ⅱ　輸出還付金制度・ゼロ税率制度の廃止

　いわゆるゼロ税率により，輸出企業に巨額の還付金が支払われていることは周知の事実である。わが国の場合，2014 年に税率が 5％から 8％に引き上げられたのに伴い，輸出大企業に対する還付金額は大幅に増加した。[6] 巨額の還付金が発生するのはわが国も EU 諸国も同じである。否，標準税率の高い EU 諸国は還付金額もわが国輸出企業のそれとは比較にならないほど大きい。輸出還付金制度の不公平性——一方は常に納税に苦慮し，一方は還付を待ち詫びるという不公平性——は筆者がしばしば批判し，廃止すべきことを主張してきたところである。

　ところが EU の輸出免税制度・ゼロ税率廃止論は思わぬことがきっかけとなって急浮上したのである。それは，輸出ゼロ税率を悪用した不正還付の多発である。EU 委員会によれば，2013 年度で 1,700 億ユーロ，日本円にして 22 兆 1 千億円（1 ユーロ 130 円として計算）の歳入漏れがあることがわかったのである。歳入漏れは EU 圏内の貿易に限っても毎年，500 億ユーロ，日本円で約 6 兆 5 千億円（同）に上ると試算されている。[7]

　EU 委員会は輸出ゼロ税率を悪用した悪質な詐取行為は，単に偶発的なものではなく，付加価値税の仕組みそのものに欠陥があると指摘している。つまり，不正還付をなくすためには輸出ゼロ税率制度そのものを廃止すべきだというのである。輸出還付制度の廃止により，EU 圏内だけでも 500 億ユーロの 80％，400 億ユーロの税収が増えるとしている。[8]

　いったい不正還付はどのように行われるのであろうか。EU 委員会は具体的

な事件を取り上げてはいないが，一括りにすると次のような事例が多いという。
商品を輸出したとして国内の仕入税額を控除・還付してもらい，還付金を貰う
とドロンしてしまう。これを「行方不明の貿易商詐欺（Missing Trader，ミッシ
ング・トレーダー詐欺）」という。また，企業が同一商品の輸出入を何度も繰り返
して還付金を受け取る事例もあるとしている。これを「回転木馬詐欺（carousel，
カルーセル詐欺）」という。[9] 税率が高いだけに被害額はのちに紹介する日本の不
正還付事件よりはるかに大きな額となる。

　なお，EU 圏内においては，輸出にゼロ税率を適用するとともに EU 圏内か
らの輸入も非課税となっている。EU 圏内からの輸入については，わが国のよ
うに税関で消費税を課税されることはない。付加価値税法構成においては，例
えばフランスの場合，輸入物品について原則は付加価値税を課すと規定したう
え，EU 加盟国からの輸入については課税しないと規定している（フランス租税
基本法 291 条 I 項，II 項）。そのため，輸入非課税を悪用して利益を得る事例も
あるという。[10]

III　消費地課税主義を維持し，還付金制度・ゼロ税率をなくす EU 委員会の提案

　付加価値税・消費税は輸出製品の製造国・輸出国で課税する原産地課税・供
給地課税ではなく，消費地国・輸入国で課税することを原則としている。これ
は仕向地主義・消費地課税といわれるもので，輸入国国内で輸入商品と国内製
品が価格競争上不公平にならないために採用されている措置だと説明されてい
る。従来から，輸出還付金制度を説明するのにこの考え方が用いられてきた。

　EU 委員会は輸出ゼロ税率をなくし，輸出国の輸出企業に還付金を与えない
仕組みを提案したのであるが，消費地課税主義は維持したいと考えた。そこで
提案されたのが，「財務省間移転制度」（筆者の独善的命名）というものである。
現行の輸出業者に還付する仕組みと「財務省間移転制度」を具体的に二つの図
で比較してみよう。

108

4　EUにおける付加価値税の見直し

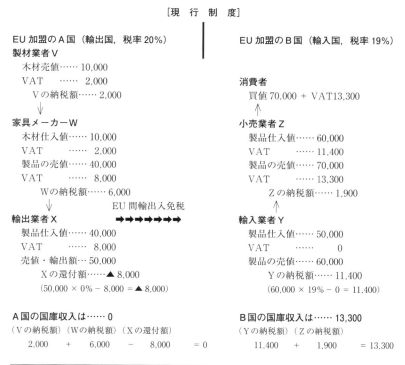

現行制度も新制度も消費地課税原則が維持されており，B国の歳入はいずれの場合も同額の 13,300 となる。現行制度の場合，輸入業者Yは仕入税額控除がないため，納税額が大きくなってしまうが，新制度によれば，輸入業者の納税額は仕入税額控除があるため小さくなる。つまり，輸入取引も国内取引と同じ扱いになるのである。

　もっとも，EU加盟国以外の国から輸入した場合は現行制度でも通関の際税が徴収されるため，輸入業者は仕入税額控除が適用される。逆に EU 圏以外に輸出する場合は輸出ゼロ税率が適用される。そのため新制度になっても，輸出

[新制度・財務省間移転制度による仕組み]

EU 加盟国のA国（輸出国，税率 20%）　　　EU 加盟のB国（輸入国，税率 19%）

製材業者V
　　木材売値…… 10,000
　　VAT　　　…… 2,000
　　　　Vの納税額…… 2,000
　　　　　↓

家具メーカーW
　　木材仕入値…… 10,000
　　VAT　　　…… 2,000
　　製品の売値…… 40,000
　　VAT　　　…… 8,000
　　　　Wの納税額…… 6,000
　　　　　↓　　　　　　　　EU 間輸出入課税
輸出業者X　　　　　　　➡➡➡➡➡➡➡
　　製品仕入値…… 40,000
　　VAT　　　…… 8,000
　　売値・輸出額… 50,000
　　VAT・B国の税率 19%… 9,500
　　　　Xの納税額…… 1,500
　　　　（9,500 － 8,000 = 1,500）

消費者
　　買値　70,000 ＋ VAT13,300

小売業者Z
　　製品仕入値…… 60,000
　　VAT　　　…… 11,400
　　売値　　　…… 70,000
　　VAT　　　…… 13,300
　　　　Zの納税額…… 1,900
　　　　　↑

輸入業者Y
　　製品仕入値…… 50,000
　　VAT　　　…… 9,500
　　売値　　　…… 60,000
　　VAT　　　…… 11,400
　　　　Yの納税額…… 1,900

A国の国庫収入は　……0　　　　　　　　B国の国庫収入は…… 13,300
（Vの納税額）（Wの納税額）（Xの納税額）　　（A国からの送金）（Yの納税額）（Zの納税額）
　2,000　＋　6,000　＋　1,500　＝ 9,500 ➡➡➡　9,500　＋　1,900　＋　1,900 = 13,300
（いったん入る税収）（A国からB国への送金）
　9,500　－　　9,500　　　＝ 0

> いったんA国に入った 9,500 はB国の預り金なのでB国に送金（移転）される。いわゆるクリアリングハウス方式をとるものと思われるが詳細な仕組みは提案されていない。また，この図だと一個一個の商品について計算されるように錯覚させられるが，実際には一定期間における事業者の申告に基づき，国別に集計されることになる。

ゼロ税率を悪用して税を詐取する者をなくすことは不可能である。では，どうしたら税の詐取を根絶することができるだろうか。

　筆者はどうせ見直すなら，EU 加盟国以外に輸出する場合も相手国の税率で課税し企業への還付金を認めず，財務省間の送金・移転により消費地課税原則を維持すべきだと考える。ただその場合，米国のように付加価値税・消費税のない国への輸出をどうするかが問題となろう。付加価値税を持たない国がある

ことを理由に輸出ゼロ税率を存続させれば，不正還付の被害はなくならない。筆者が考える不正還付をなくすための抜本的な解決策はⅤで提案する。

Ⅳ　わが国にも多発する不正還付事件

EU 委員会は目に余る不正還付事件をなくすため輸出ゼロ税率制度を廃止し，輸出企業に還付しない方法を提言した。じつはわが国においても，輸出ゼロ税率を悪用して不正に還付金を詐取する事件が多発している。ここでは，わが国の不正還付事件の一端を紹介する。

①　シラスウナギ 42 億円還付事件

高知市の水産会社アサマの社長浅間毅彦被告は，自分が経営する関連会社からシラスウナギを仕入れ，台湾に輸出したとして，1997 年 8 月から 2000 年 4 月にかけて 18 回にわたり高知税務署から 42 億円の還付を受けた。検察側は「輸出を偽装した例のない巨額の不正事件」としたが，納税者側は「取引は実在し偽装ではない」と無罪を主張した。2005 年（平成 17 年）1 月，高知地裁は浅間社長に懲役 3 年，罰金 1 億 5 千万円の実刑判決，水産会社アサマなど 3 社に罰金計 5 億 3 千万円の判決を言い渡した[11]。

②　回転木馬方式による 4 億円不正還付事件

東京都内の貿易会社など 10 社は，100 円程度で仕入れたレンズを数万円から数十万円で仕入れ香港に輸出したとして過大な還付金を受け取っていた。不正還付金額は 4 億円。さらに輸出した商品を日本に送り返し，同一商品を日本国内で仕入れたとして再び輸出し，還付金を受け取る行為を繰り返していたという。まさに回転木馬的詐欺行為である[12]。

③　釣具商 2,200 万円不正還付事件

東京目黒区の釣具輸出販売会社「クレッシェンドインターナショナル」の経営者高橋正人被告は，実際には取引のない 8 社からリールなどを仕入れたと偽って課税仕入れを計上し，米国などの個人に輸出した。同社は 2014 年 2 月までの 2 年間に 2,200 万円の不正還付金を受け取ったとして，東京地検に刑事告発された[13]。

④ 「東海」6千万円不正還付事件

2014年7月10日，電子機器を輸出販売する東京新宿区の「東海」の社長・福沢尚美被告ら3人は，2012年6月までの1年間に6千万円の不正還付を受け取ったとして逮捕された。手口はＳＤカードなどを中国に輸出した際，架空仕入れを計上していたという[14]。

⑤ 「ジュピター宝飾」400万円不正還付事件

2016年2月9日，名古屋市の宝飾品販売会社「ジュピター宝飾」の社長・長谷川彰被告は，在庫になっていた高級腕時計を香港の関連会社に売却した際，国内に設立した別会社から輸出したように装い，還付金400万円を不正に受け取ったとして大阪地検に逮捕された。この事件による不正還付金額は400万円と小さいが，⑥の事件で紹介する巨額な不正還付事件と絡み逮捕されたものと思われる[15]。

⑥ 奈良，時計輸出会社1億3千万円不正還付事件

奈良県内で時計の輸出販売会社2社を経営する森井昭徳被告は，2012年2月から2013年11月まで，1億3千万円の消費税を不正に還付させたとして2016年3月18日，大阪地検特捜部に起訴された。森井被告は⑤の事件で逮捕された名古屋市の「ジュピター宝飾」の社長・長谷川彰被告から借りた高級腕時計を仕入れたものとして香港に輸出した。森井被告らはそれらの時計を日本に持ち帰り，再び輸出したように見せかけ，回転木馬のように不正還付を繰り返していたという[16]。

上に紹介した事件は輸出還付金制度を悪用して不正に還付金を受け取った事件の「氷山の一角」でしかない。国税庁の発表によれば，平成22事務年度から26事務年度において，不正還付を受けた件数と追徴税額は次表のようになっている。件数，追徴税額とも減少傾向にあったが，税率引き上げがあった平成26事務年度には増加に転じている。国税庁は輸出免税制度を悪用した不正還付の発生に頭を痛めている[17]。今後，税率が10％に引き上げられれば，不正還付金額もさらに増加するに違いない。さらにヨーロッパ諸国のように20％前後の高い税率になれば，不正還付問題は一層深刻になることは想像に難くない。

4 EU における付加価値税の見直し

消費税還付申告法人の不正計算件数と追徴税額

	22 事務年度	23 事務年度	24 事務年度	25 事務年度	26 事務年度
不正計算があっ た件数	830 件	820 件	542 件	582 件	726 件
不正計算による 追徴税額	12億6,800万円	11億3,700万円	13億1,800万円	7億2,100万円	11億2,800万円

国税庁ホームページ，「消費税還付申告法人に対する取り組み」より湖東作成

V　不正還付をなくすための抜本的見直しの提言

不正還付をなくすにはどうしたらよいのか。筆者の提言は以下のとおりである。EU 委員会は輸出ゼロ税率を悪用した不正還付の原因は，「付加価値税の仕組みそのものに起因する[18]」と述べている。付加価値税・消費税の基本的仕組みは仕入税額控除方式である。仕入税額控除方式は多段階売上税における税の累積を排除する仕組みとして好意的に受け入れられている向きがある。だが本当にそうであろうか。

付加価値税の生みの親は米国のシャウプ博士である。シャウプは 1950 年，日本税制への勧告のなかで，地方財源充実のため，事業税にかえて「附加価値税」を導入することを提唱した。事業税は所得に課税するため，赤字企業には課税されない。シャウプは赤字でも税収を得ることができる税制として「附加価値税」を提案したのである[19]。

シャウプは「附加価値税」の課税の仕組みとして，控除法と加算法の二つを示した。控除法は売上高から仕入高と給料などを除く経費を控除した額を課税標準とし，加算法は利益に給与などをプラスした額を課税標準とした。両方法により求められる課税標準は同額となる。シャウプの控除法はフランスが 1954 年に導入した付加価値税の仕組みとなり，EU 諸国の付加価値税やわが国の消費税の仕組みに引き継がれている。加算法はわが国の現行法人事業税の付加価値割の仕組みと基本的には同一である。いうまでもないがシャウプの「附加価値税」は直接税であるから輸出戻し税（還付）制度もなければ，請求書に本体価格と税を別記することも求められていなかった。

フランスは本来直接税である付加価値税を間接税として位置づけるため，控除法を用いて輸出販売にゼロ税率を適用し，輸出企業に還付金を与えたのである。つまり，仕入税額控除方式は企業の付加価値を求める一方式であり，累積課税排除のためというのは後にとって付けた理由であるといっても言い過ぎではあるまい。

筆者は付加価値税・消費税の基本的仕組み＝仕入税額控除制度を止めシャウプの提言した加算法によることを提言する。企業利益（ないし損失）に給与，支払利息，支払家賃地代，支払保険料などを加算した方式によっても基本的には現行付加価値税・消費税と同額の課税標準が得られる。ただ異なるのは，間接税ではないため消費地課税原則が適用されないこと，インボイス・請求書に本体価格と税を別記する必要がなくなること，価格への転嫁が不必要になることである。したがって輸出販売は法人税や事業税と同様，課税標準の計算上何ら配慮することもなくなる。

なお，控除法によって課税標準を求めたいという企業があったとしても，それによって算出された課税標準が加算法と同一額になれば，認めることは何ら問題がない。ただし，輸出売上高を計算上配慮することはしない。なお，減価償却資産の購入は即時控除方式（購入時に全額企業利益から控除する方法）と減価償却時控除方式（毎期の減価償却費を企業利益から控除する方法）のいずれかにより課税標準に反映させればよい。

付加価値税・消費税の仕組みをこのように抜本的に見直すことにより，輸出還付金制度をなくし，不正還付を根絶することが可能となる。加えて税制の簡素化，経済取引きの活性化，中小企業の事務負担の軽減，貿易の不平等解消に貢献する。その結果，景気の後退に歯止めがかかる。ただし応能負担原則に配慮し，現行法人事業税のように資本金１億円超の大企業にのみ課税することとする。[20]

Ⅵ　軽減税率制度の見直し

ドイツのペフェコーフェン（R. Peffekoven）元マインツ大学教授は EU 諸国に広く採用されている軽減税率について次のように指摘している。

4　EU における付加価値税の見直し

　「軽減税率は消費者の負担軽減を名目にしつつも，実際には特定分野・企業
への補助金になりかねないこと。……軽減税率の供与は消費者に（価格低下に
よって）有益となるべきものである。けれども大半の場合，このことは保障さ
れていない。というのは，間接的な消費課税としての売上税は，企業領域にお
いて徴収されねばならないがゆえに，期待される効果は売り手企業が標準税率
と軽減税率の差額分だけ粗利益を引き下げた時のみ実現するからである。しか
しこのことは税法上では規定されておらず，あくまで市場で決定される。企業
にその気があるか，あるいは―市場環境ゆえに―そうせざるをえないかどうか
は，とりわけ需要の価格弾力性，競争状況，景気状況に依存している。[21]」

　こう述べたうえ，結論としてペフェコーフェン元教授は「①非課税扱いを廃
止する。②軽減税率を廃止する。③社会的な負担調整をより目的に合い，より
効率的なものにする。④標準税率を現行の19％から16％に引き下げる。[22]」と提
言する。ペフェコーフェン元教授の上記提案は2010年ごろ発表されたもので
ある。EU 委員会がペフェコーフェン氏の軽減税率廃止論をそのまま受け入れ
たとは思えないが，少なくとも底辺における考え方に多大な影響を受けたこと
は想像に難くない。

　EU における現行軽減税率制度は，適用物品について限定的にリストアップ
したうえ，５％を最低税率とするよう指令している。EU 委員会は「実際には
特殊なケースとして５％より低い軽減税率を採用している国や，ゼロ税率によ
る免税を適用している国もある[23]」と現状を認識したうえ，次の二つの選択肢を
提示している。

　選択肢の一つは，現行軽減税率制度を維持しつつ，加盟国が公平に利用でき
るようにすること。軽減税率のリストは定期的に見直すこと。

　選択肢の二つ目は，軽減税率を廃止すること。加盟各国がそれぞれ異なる物
品・サービスに異なる軽減税率を適用していることは競争上不公平を招くばか
りか，煩瑣な事務負担を招いている。したがって軽減税率はすべて廃止するこ
ととする。

　EU 委員会が狙っているのは二つ目の選択肢であろう。それはドイツ連邦財
務省学術顧問団のメンバーである上に紹介したペフェコーフェン元教授の論理

115

と整合するからである。選択肢の一つ目は急激な変化をもたらすことによる経済・社会の混乱を避けるため，いわば加盟国をなだめるためのものである。一つ目の選択肢においても，軽減税率適用物品・サービスを定期的に見直すことにより，軽減税率の縮小を提言しているといえよう。

　要するに，軽減税率制度の存在は付加価値税の恥部であり，この税の実態，本質的性質を理解しないまさに，「暫定的」な措置でしかない。筆者は，EU委員会がEU単一市場を維持するうえで競争上の公正を欠くとして軽減税率を廃止すべきだといっているのに止まらず，付加価値税の仕組みそのものの性質から，軽減税率の存在を否定していると考える。

　翻ってわが国では，税率を10％に引き上げる際，8％の軽減税率を導入する法案が用意されている。とんでもない認識不足である。ヨーロッパの動向を知ったうえ再検討し軽減税率を不採用にすべきである。

注
1) 「プレスリリース」として 2016 年 4 月 7 日に発表された EU 委員会の文書「VAT Action Plan: Commission presents measures to modernise VAT in the EU」とリーフレット「THE FUTURE OF VAT」の翻訳文は，筆者の拙訳ではあるが，『税制研究 70 号』（2016 年 8 月税制経営研究所発行）9 頁～ 17 頁に掲載した。
2) 2011 年 6 月 12 日に発表された文書の英文タイトルは「On the future of VAT. Towards a simpler, more robust and efficient VAT system tailored to the single market」であり，3 頁程度の比較的短いものである。
3) この文書の結語，7. Conclusion の英文は以下のとおり。「In order to ensure a continued steering of the overhaul of the EU VAT system, the Commission will repor regularly on the state of this review and set out new actions.」
4) 前掲 EU 委員会「プレスリリース」には次の 4 点がポイントとして挙げられている。
　　―将来のヨーロッパ付加価値税システムの単一化のための基本原則を示すこと
　　―付加価値税詐欺と戦うための短期的措置をとること
　　―付加価値税の税率のフレームワークと加盟国の税率設定を柔軟に認めるための見直しをすること
　　―デジタル化した単一市場の下で電子取引のため，あるいは中小企業の負担軽減を図るため，付加価値税の簡素化を図ること
5) 駐日 EU 代表部公式ウエブマガジン・EU MAG「欧州の付加価値税（VAT）―その現状と将来」パート 1 によれば，「VAT の一定割合は EU の予算に独自予算として拠出されることとなっているが，その割合はごくわずかである（2014 年～ 2020 年予算期もこれまでと同じ 0.3％，2013 会計年度の EU の歳入全体に占める VAT 財源の割合は 9.45％）」

４　EU における付加価値税の見直し

との記述がある（2016 年 6 月 21 日号，1 頁）。
6)　わが国における消費税の還付金額は平成 28 年度で 4 兆 1,570 億円と見込まれている（財務省主税局『平成 25 年度　租税及び印紙収入予算の説明』（第 190 回国会，未定稿，12 頁による）。この額は国税 6.3％分なので，地方消費税を含む 8 ％に引き直すと 5 兆 2,787 億円になる。この額は事業者が納付する消費税額（輸入に係る税収を除く），19 兆 5 千億円の 27％に相当する。
　　さらに，還付はされないが輸出販売により国内納税額が減少している事業者があり，その減少額はおおむね 1 兆円と推算される。つまり，6 兆円強が輸出ゼロ税率により国庫に入らないのである。6 兆円は 19 兆 5 千億円の 30％に相当する。筆者が最新決算報告書に基づき巨大製造業 12 社の還付金額を推算したのが下記の表である。

輸出大企業（製造業 12 社）に対する還付金額推算（税率 8 ％）単位：億円

企業名	事業年度	売上高	輸出割合（％）	還付金額
トヨタ自動車	2015 年 4 月〜2016 年 3 月	11 兆 5,858 億円	78.6%	3,633 億円
日産自動車	同　　上	3 兆 4,934	68.6	1,546
マ　ツ　ダ	同　　上	2 兆 6,065	82.0	804
本田技研工業	同　　上	3 兆 3,036	60.2	754
キヤノン	2015 年 1 月〜2015 年 12 月	2 兆 0,911	77.7（推定）	581
東　　芝	2015 年 4 月〜2016 年 3 月	2 兆 8,752	59.0（推定）	546
三菱自動車	同　　上	1 兆 8,060	80.6	545
ソ　ニ　ー	同　　上	2 兆 0,642	68.7（推定）	456
村田製作所	同　　上	8,891	93.5（推定）	390
新日鐵住金	同　　上	3 兆 1,607	38.8（推定）	326
日立製作所	同　　上	1 兆 8,596	48.0（推定）	272
パナソニック	同　　上	3 兆 7,822	30.6	249
合　　計				1 兆 0,102

各社の決算報告に基づき筆者が推計・作成したもの。

7)　前掲ＵＥ委員会「プレスリリース」1 頁の記載による。
8)　前掲 EU 委員会「プレスリリース」2 頁の記載による。
9)　EU 委員会作成リーフレット『将来の付加価値税』2 頁，「COMMON EXAMPLES OF VAT FRAUD」による。
10)　前掲駐日 EU 代表部公式ウエブマガジン「欧州の付加価値税（VAT）―その現状と将来」，パート 2，2 頁に「域内事業者間取引が免税であることに着目した組織的な脱税」の項に，「複数の加盟国間取引（免税）と国内取引（課税）を巧みに組み合わせながら，

架空の事業者や偽造のインボイスで取引があったように見せかけ，仕入税額控除だけを受けて消えてしまうなどの組織的犯罪が発生している」との記載がある。

11) 2005 年 1 月 7 日，中日新聞。http://www.chunichi.co.jp/00/detail/20050107/fls

12) 2012 年 10 月 31 日，毎日新聞報道。

13) 2014 年 4 月 4 日，Sankei Biz 報道。

14) 2014 年 7 月 10 日，日本経済新聞。http://www.nikkei.com/article/

15) 2016 年 2 月 9 日，産経 WEST 報道。

16) 2016 年 3 月 21 日，読売新聞報道。

17) 国税庁ホームページ「消費税還付申告法人に対する取り組み」に，「特に，消費税について虚偽の申告により不正に還付金を得るケースも見受けられるため，こうした不正還付等を行っていると認められる法人を的確に選定し，厳正な調査を実施しています。」との記述がある。

18) 前掲 EU 委員会「プレスリリース」1 頁でバルバラ・グランヘック（Barbara Granhek-Lazarevic）氏は「この徴収漏れのほとんどは輸出免税を利用した詐欺行為によるものと推量され，したがってそれは，付加価値税の仕組みそのものに起因する」と指摘している。

19) シャウプの「附加価値税」の詳細については拙著「仕入税額控除の廃止は可能か」（税制経営研究所『税制研究 55 号』2009 年 2 月，202 頁）を参照されたい。

20) 筆者の付加価値税・消費税を間接税から直接税に置き換える提言は，日本租税理論学会編『税制改革と消費税』（法律文化社，2013 年 8 月 31 日）に「消費税を法人事業税・付加価値割と合体する提言」において詳細に検討しているので参照にされたい。

21) 関野満夫著『現代ドイツ税制改革論』（税務経理協会，2014 年 7 月，74 頁）。この点について本書掲載の奥谷健氏の「ドイツの売上税—前段階税額控除を中心に—」のなかに端的な例が示されている。奥谷氏は 1 個 200 円のハンバーガーが店売りで 238 円，軽減税率対象となっている持ち帰りも同じ 238 円となっているとし，軽減税率が逆進性対策になっていないと指摘する。

22) 関野満夫前掲書，75 頁。

23) 前掲 EU 委員会作成リーフレット『将来の付加価値税』4 頁。

5　討論　消費課税の国際比較

〔司会〕

内山　昭（成美大学）／阿部徳幸（日本大学）

〔討論参加者〕

石村耕治（白鷗大学）／奥谷　健（広島修道大学）／粕谷幸男（税理士）／菊谷正人（法政大学）／湖東京至（元静岡大学・税理士）／篠田　剛（立命館大学）／鶴田廣巳（関西大学）／中西良彦（税理士）／松井吉三（税理士）／三森れい子（税理士）／望月　爾（立命館大学）／安井栄二（立命館大学）

司会　報告者順に質疑応答を進めます。まず，望月先生から，菊谷・酒井会員に対する質問をお願いいたします。時間の関係上，簡潔に，自説はあまり述べないように，質問を中心にお願いいたします。

望月（立命館大学）　菊谷先生，酒井先生，ご報告ありがとうございました。日本の消費税制度への示唆として，特にイギリスの複数税率制度や仕入税額控除の「権利性」や「適用柔軟性」について，大変興味深くご報告を伺いました。ご報告のなかでは時間の関係上あまりふれられなかったインボイス方式について質問させていただきます。報告レジュメの10ページを拝見すると，日本の消費税が帳簿方式からインボイス方式へ移行することについて，積極的な見解を示されておられます。そこで，イギリスの制度をふまえて，インボイス方式を支持される理由と日本で導入が予定されている適格請求

書保存方式への評価も含めて，日本のインボイス方式のあるべき姿について，ご見解を伺いたいと思います。

菊谷（法政大学）　インボイス方式の場合は，税額を表記するわけですので，実額で実際の税額が控除できます。いわゆる帳簿方式ですと，どんぶり勘定なので，益税等々が生じますので，やはりインボイス方式に移行すべきだと思っています。事務処理負担がかかるということで，昭和63年の消費税法では導入されなかったのですが，請求書に1行か1欄，「消費税額」と追加すれば事足りるのではないかと思っておりますので，インボイスに変えたほうがいいと思っています。請求書保存方式も，英国でも6年間ありますので，インボイスとともに帳簿等も保存するということになろうかと思います。

望月（立命館大学）　追加で確認の質問をさせていただきたいのですが，今回の

119

シンポジウムの各報告では，インボイス方式の問題点が多く指摘されていました。イギリスの場合はそのような問題点はなく，制度としてうまく機能しているという評価でよろしいでしょうか。

菊谷（法政大学） いや，うまくいっていないものもあります。後で同じような質問があって，権利性の問題があります。重複するかもしれませんが，インボイスを否認される場合があります。いわゆる消費に関する詳細な記載がなかったということで，その当該インボイスの法的合理性が認められなかった，いわゆる課税庁が否認したという事例もあります。

そういったものもありますので，インボイスを提出すればそれでいいというのではなくて，レジュメの3ページに要件が8つありますが，これをインボイスの中に書くということで，この仕入税額控除返還請求が認められるということですね。これが法的合理性ということで，この項目を書けば請求が認められる。課税庁は，この8つの事項がインボイスに記載がなかった場合は，不正行為を行ったかは断定できないけれども，購入した商品について，当該取引は存在しなかったということで否認された事例があります。

また後で重複するかもしれませんが，逆に却下事案が裁判所で認められなかったというモーガン事案というのがあります。処分庁や課税庁は仕入税額の返還請求を認めないという処分を行ったのですが，裁判所がこれをひっくり返したとい

う事例であります。関連会社で提出したインボイスに記載された仕入額だったと思いますが，それがあります。

司会 引き続きまして，松井先生から菊谷先生に，ゼロ税率についての質問，お願いいたします。

松井（税理士） 菊谷先生，イギリスの付加価値税について教えていただき，大変ありがとうございます。

1点質問があるのですが，ゼロ税率についてです。仕入税額控除の権利性ということから，ゼロ税率を評価しているように思われるのです。フランスなどでは，輸出は非課税売上とされてきたと思うのです。輸出は非課税で，国境税調整として，輸出にかかる税額を還付していたと思うのですよね。

イギリスでは，付加価値税を導入するときに，いきなりゼロ税率，ゼロで課税したということなのですが，一応課税なのですよね。ところが，最初に導入されたフランスの付加価値税では，輸出は非課税売上であるのにもかかわらず，前段階控除を認めるということなのです。実務的には，課税売上であれば，対応する仕入税額も無条件で控除となり，課税売上の場合のように，いちいち非課税売上にかかる仕入税額を抽出しないで済むものですから，割と楽にいけると思うのですよね。ぶっちゃけ，ある意味，アバウトな仕入税額控除だと思うのです。

我が国における大型間接税の最初の提案である昭和54年（1979年）の「一般

消費税大綱」では，輸出は非課税だった
と思うのですね。中曽根さんの「売上税
法案」（1987 年）のときは，輸出は免税
であったと。一方，食料品については非
課税であったというような経緯があるの
です。実際に 1989 年に導入された「消
費税」では，輸出についての免税は残っ
て，食料品の非課税はやめたという経緯
があると思います。いつの間にか我が国
でも非課税が課税を免除する＝ゼロで課
税するということになったのです。これ
は無制限に仕入税額控除を容認するもの
で，企業側に配慮したと思うのですが，
答えが一緒ならいいよということでは済
まないのではないかなと。課税と非課税
はだいぶ違うと私は思っているのですが，
この点，お考えをお聞かせください。

菊谷（法政大学） 要は仕入税額控除が
回収できるかできないかということなの
ですが，非課税の場合ですと売上税額を
重ねないということですので，仕入税額
は回収できない。ゼロ税率となると，ち
ょっと詭弁かもわかりませんが，売上税
額のゼロ税率というのがあって，売上税
額は重ねないと同時に仕入税額は計算立
てで仕入税額は回収，これは大きな違い
があると思います。

　今ちょっと質問がよくわからなかった
のですが，輸出は，今回は対象外にして
おります。湖東先生はしっかりやってい
らっしゃるのですが，私は一般消費者を
対象としておりますので，いわゆる公益
上とか経済的弱者の救済措置，一般的に

いいますと逆進性緩和措置ですね，逆進
性緩和のために，軽減税率，極端なゼロ
税率が英国で導入されたと理解しており
ます。

松井（税理士） 1 点補足させていただ
きたいと思うのですが，内山先生の昨日
の話にもあったと思うのですが，前段階
税額控除を認める，その前段階税額控除
をした段階で，売上税というのは企業課
税に転化すると私は思っているのですね。
完璧に消費課税というなら小売売上税で
やっていかなきゃいかんと思うのです。

　これも内山先生の話なのですが，結局，
値段というのは労働時間を基礎として平
均化によって決まってくるものであって，
企業が自由に決められるということでは
ないですね。では，軽減税率で値段がす
ごく下がるのだというのは保障されない
と思っているのですが，その点いかがで
しょうか。

菊谷（法政大学） 見解の違いかもわか
りませんが，消費課税，消費行為に対す
る課税で単一税率の場合はそれで課税中
立性がありますが，もともと消費税は逆
進的租税ですので，その緩和策として非
課税措置を各国で導入しています。日本
でもやっていますが，そのほかに軽減税
率というのがあり，ゼロを使っているの
は英国，アイルランドとカナダも使って
いるような気がしたのですが，ゼロ税率
の場合はゼロという課税がかかるという
ことで，仕入税額控除は回収できる，そ
の点だと思うのですが。

司会 酒井先生，奥谷先生の両方に，粕谷先生，石村先生。望月先生は奥谷会員に対してですが，かなり質問が重なっておりますので，簡潔にご質問いただいて，まとめてお答えいただくことにいたします。粕谷先生からお願いいたします。

粕谷（税理士） おふたりの先生にお願いしたいと思います。非課税に対応する仕入税額控除を法律上は否認している，これはもう事実上，控除できないというのはわかりますが，その理由についてご教示いただきたいということです。

酒井先生の報告では，取引段階で累積非課税という取引があると累積が起こる，あるいは取り戻し効果ということで税が取り戻される。そのことで国が不当な利得を税で受ける，税収が増えてしまうという問題点がありますので，それを仕入税額控除できれば，その問題は解決するのではないかなと単純に考えるのです。

それからもう1つ，奥谷先生が，仕入税額控除は権利なのだ，税にインボイスがあれば権利として存在している，そのこととの関係において非課税売上があると控除できないという，それを否認する合理的理由というのはいったい全体どういう理由なのかご教示いただきたい。

石村（白鷗大学） 粕谷先生とかなり重なるのですが，特にイギリスの場合，仕入税額控除権といって，rights to deduct input tax，権利として認めていますよね。ドイツも権利性が，請求権として考えているのですが，これは基本的に，付加価値税は取引高税ではないということが根拠になっているのではないかと，私はそういうふうに読んだのですが，そのへんはどうでしょうか。

我が国の場合，仕入税額控除は権利として認められていませんので，例えば後出しをするとなると，これは認めなくてもいいというふうになるのですが，イギリスの場合は，特になくても，特定の証明資料があればいいということで課税庁（HMRC）が通達できちんとした証書に関する通達を出しています。ただ，そのへんは私の理解でいいのかどうか。

もう1つは，いわゆる逆進対策としては，ゼロ税率，非課税，軽減税率という3つのアラカルトがあると思うのですね。特にゼロ税率については，輸出に関するゼロ税率と，生活必需品に対するゼロ税率，つまり domestic zero rating と export zero rating と，理論的には2つあります。ですから日本の場合，輸出免税という形で区切って，わざとゼロ税率を免税という言葉で使ってしまいましたので，ゼロ税率が生活必需品とか必需サービスに対しても適用があるという議論が財務省によって封じられてしまったのです。

ですから，本来2つあるのです。ただ，イギリスの場合は，イギリス，アフリカ諸国（旧英領諸国）は全部ゼロ税率を入れています。オーストラリアのように軽減税率は一切採用しないで，ゼロ税率だけ，生活必需品に対するゼロ税率だけで対応している国があります。カナダのよ

うに，ゼロ税率，軽減税率，非課税，プラス給付付き税額控除というアラカルトもあるわけです。その中で考えた場合に，先ほど言った問題点は，たぶん前段階控除をさせるための手段としてゼロ税率を適用しているのであって，それをゼロ税率は輸出免税しかないのだという理解がそもそも間違っているのではないかと，私はそう感じたのですが，そのへん，いかがでしょうか。

司会　望月先生，奥谷会員に対してのご質問をよろしくお願いします。

望月（立命館大学）　奥谷先生，ドイツの売上税について，大変興味深くご報告を伺いました。ありがとうございました。ご報告では，特に前段階控除制度の「権利性」とインボイス方式のメリットとデメリットの対比を強調されておられました。そこで，そのようなドイツの売上税を踏まえ，日本の仕入税額控除制度や導入が予定されている適格請求書保存方式のあるべき姿について，ドイツの制度から示唆される点を中心にご見解を伺いたいと思います。

司会　それでは菊谷先生から，3人ご質問ですので，いくらか丁寧にご説明ください。よろしくお願いします。

菊谷（法政大学）　先ほども言ったことと重複しますが，ドイツで，ヨーロッパで，取引高税で，名称は売上高税なんかがありましたが，フォン・ジーメンスでしたかね，改良売上税といって，いわゆる付加価値税を考案し，これを議会に出

しましたが，採用されなかった，そして1954年かな，フランスで付加価値税が誕生したと。シャウプ勧告が1949年に勧告したのですが，日本では導入されなかった。

　その場合，取引高税では税が累積するということで，取引回数が多段階ですから，多段階の回数が多くなれば多くなるほど累積する。それを排除するのが前段階控除方式，いわゆる仕入税額控除だと思うのですが，我々が昨日発表したのは英国限定で，しかも輸出減税等々には全く触れておりませんで，石村先生がおっしゃるように，生活用資産等のゼロ税率，あるいは軽減税率に対して言っているのですが，輸出という多国籍企業的なものではなくて，普通の国民，一般消費者に対しては，やはり所得格差等，経済格差等がありますので，経済的な弱者に対しては軽減が必要であろうと。そして，いわゆる複数税率を導入した場合は，やはりインボイスがないと，実際不可能かなと。いわゆるどんぶり勘定とか益税とか，こういったものが起こるので，やはりインボイスは導入すべきだと私は思っております。

司会　では奥谷先生，お願いいたします。

奥谷（広島修道大学）　石村先生と粕谷先生のご質問，だいぶ重なるところがありますので，合わせたような形での回答をさせていただこうかと思いますが，端的に申し上げれば，石村先生のご指摘のとおりかと思います。資料で申し上げま

123

すと、1ページにも挙げさせていただきましたが、ドイツの場合は、連邦憲法裁判所の判決があり、その中で、競争中立性との関係で、おそらくこれが今の税率であれば、取引高税として残っていれば間違いなく憲法違反という判決が出るのではないかと思われます。ですから、売上税は取引高税ではないというよりは、取引高税であってはいけない、そういう意味合いとして出てくるのだろうと思います。

そういうところから権利性が認められるようになってきているのだと思いますが、いわば純売上税になった。これは権利性を認めていくので、1つの例えとして申し上げるならば、純所得に対する課税と同じような形で、必要経費の控除のように事業者に当然認められる権利であると。そういったようなところで控除が認められなければいけないということになるのだろうと思います。

ただ、粕谷先生のご質問との関連で申し上げるならば、租税債務、納税義務とのかかわりが出てきますので、また、インボイスの交換といいますか、そういったものが要件になってきますから、非課税取引に対して認められないことになります。仕入税額控除が、まずインボイスの発行ができない、また、租税債務がないということで、それに対応した権利がないということで認められないというふうに考えられるだろうと思います。

望月先生のご質問に対してですが、湖東先生のご報告にもありましたように、さまざまな問題があります。日本の仕入税額控除というより消費税全体の話として、理想的なことを言えば、なくすべきというのが一番わかりやすい答えなのかなとは思います。これだけ問題のある制度で、仕入税額控除というものを核心にしないと成立しない付加価値税。ところが、仕入税額控除自体にそれを認めるための制度に大きな問題があることは、いろいろとご説明させていただきましたし、湖東先生のご報告にもあったとおりです。ですので、仮に付加価値税として残すということであれば、湖東先生のご提案というのは、私にとっても非常に魅力的な選択肢になるかなというイメージは持っております。

では、仮に今のままの消費税を残していくということになると、結局、現状のドイツとか、そういったところの議論から見ますと、複数税率というのはかなり問題がありますので、逆進性を緩和するために複数税率を導入しなければいけないという今の議論を前提とするのならば、複数税率を導入しなければいけなくなるほど税率を上げるべきではないだろうと考えます。税率の引上げ自体がかなり問題になってくるのではないか。むしろ税率は低いままで、単一の税率。仮に今の消費税を残すのであれば、そういう方向のほうが望ましいのではないかと思います。

インボイスという形で、適格請求書等

保存方式というのが出てきますが，いろいろな問題点が出てくると思います。インボイスを導入することで1つメリットとして考えられるのは，仕入税額控除は，理論的に考えた場合，今の帳簿方式を基調とすると，帳簿に問題があったときには，帳簿全体の仕入税額控除が否認されかねないだろうと思われます。すなわち帳簿方式では仕入税額控除はオール・オア・ナッシングになってしまう可能性がある。それに対してインボイス方式であれば，個別の否認の可能性が出てくるのではないかということです。この点はメリットとして考えられるだろうと思います。

しかし，先ほどの仕入税額控除ができるかどうかというところで，インボイスが発行できなければ困るということが出てきます。これはご承知のとおり，そうなってくると免税事業者が発行できなくなって，取引から排除される。この中立性の問題が出てきます。では，その免税事業者も発行できるようにするとなると，インボイスの不正取引等の問題も生じてくるであろうと考えられます。では，免税点を引き下げるかということになってくると，中小事業者の，さらには，中小というよりは小規模事業者の負担が非常に大きくなってくるだろうとなってくるといったように，インボイスの導入もいろいろな問題がある。

そういうようなところから考えると，消費税というのはなくすのが理想的だろ

う。端的に見るならば，こういうようなところに，結論としては行きついてしまうのかなと思っているところであります。学会の席で少し大胆な発言をさせていただければ，そういうようなこととしてご理解いただければと思います。

司会　どうぞ，石村先生。

石村（白鷗大学）　日本の制度でもそうですが，帳簿方式からインボイス方式に移行するといっても，帳簿そのものはなくなるわけではないのです。だから今後，帳簿と税額票と2つ出てきて，税務調査のときは，実務的には，その両方を調査するようになるのです。何か今までの議論を聞いていますと，帳簿方式を廃止してインボイス方式にすると，帳簿が全くなくなるような感覚を受けるのですが，むしろ帳簿に対する調査を強化して，それでインボイスの正当性を裏づけるという仕組みになるので，そこのところはちょっと違和感があったのですが，そのへん，先生，どうでしょうか。

奥谷（広島修道大学）　帳簿自体の存在を否定しているわけではなく，仕入税額控除の要件として，帳簿自体は必要性がなくなってくるということです。当然，帳簿とインボイスといいますか，請求書等との整合性は調査で確認することになるだろうと想定しておりますので，まさに先生と同じ理解で，むしろ私の言葉足らずであったのだろうなと思います。ご指摘ありがとうございます。

司会　それでは次にまいります。篠田先

生に対して鶴田先生と石村先生からいく
つか出ております。

鶴田（関西大学） 篠田先生からは，非
常に詳しいカナダとアメリカについての
付加価値税，あるいは州の売上税，ある
いは連邦の付加価値税の可能性等につい
てのご研究を拝聴して，大変参考になり
ました。

それで，時間もなかったということで，
最後，少しはしょられたところがあった
のですが，比較地方消費課税の視点とし
て，McLure の売上税の要件7点を挙げ
られているわけです。これを踏まえて，
篠田先生ご自身が国際比較された点から
見て，地方消費課税のあり方として原則
論をどういうふうに考えておられるかと
いうあたりについて，まずお聞きしたい
というのが1点目です。

それから，特に地方の課税自主権の問
題が非常に重視されているかと思います
が，カナダのその改革の経験が，日本に
おける地方消費税にどういう教訓なり示
唆を与えているのかというあたりについ
て，何かお考えがあればお教えいただき
たいというのが第2点目です。

第3点目は，このレジュメの中にはな
かったかもしれませんが，今いろいろな
ところでご指摘されている，EU 内での
輸出などの際に，域内輸出の際に，いわ
ゆるカルーセル詐欺のような，これは湖
東先生のご報告の中でも指摘されており
ますが，そういう不正があるのかないの
かというあたりで，特に図1，あるいは

図2，ケベック売上税とか協調売上税，
HST の仕組みの中でその点が説明され
ていたかと思いますが，そのあたりがど
うなっているかについて，少し敷衍して
説明いただければということです。

司会 石村先生もあわせて，重なってい
るところがありますので，お願いいたし
ます。

石村（白鷗大学） 私の観点とちょっと
違うのですが，カナダの GST，HST で
は，特に連邦所得税に還付付き税額控除
を入れていますね。そうすると，GST，
HST に対するいわゆる逆進対策としては，
1つは非課税，生活用資産の譲渡等に対
するゼロ税率の適用，それから GST，
HST の還付付き税額控除という3本立
ての逆進対策をしています。このような
複雑な仕組みに対して批判が非常に強く
て，私は，たぶんアメリカではこんな仕
組みは絶対導入しないと思うのです。逆
に，先生の議論を聞いていますと，カナ
ダ流のこの GST の導入というものがア
メリカで議論はされている，ニューヨー
ク大学なんかでは議論しているのですが，
これに対していい政治的反応は全くない
わけです。

それから，アメリカの州地方団体の消
費課税においては，先生は小売売上税だ
けと言っていますが，そのほか，州によ
っては GST，VAT 型の売上税，それか
ら取引高税を入れている。売上税を全く
入れていないところもあります。アラカ
ルトが豊富で税のるつぼのような形にな

5　討論　消費課税の国際比較

っているので，たぶんカナダからアメリカが学ぶという形での整合性は，私はないと思うのですね。カナダからの教訓というのですか，逆に連邦消費税を入れて，それを HST のような形で調整するという考えは，ちょっと私は現実的ではないと考えておりますが，ご意見をお聞かせいただければと思います。

司会　篠田先生からご回答をどうぞ。

篠田（立命館大学）　まず，鶴田先生のご質問からですが，1点目，比較地方消費課税の視点ということで，報告の際に，時間の関係で省略させていただいた部分なのですが，ここで取り上げた McLure の原則というのは，7点挙げていて，要は税率以外は税制調和をすべきだということです。逆にいうと，州が持つべき課税自主権というのは税率操作権のみでいいのではないかと。それ以外は全部統一したほうが理想的なのだという議論になるかと思います。

　ここで指摘したかったことなのですが，しかし，現実には，ケベック州が，報告の中でも指摘しましたように，税務行政を連邦に渡さないということにかなりこだわって，いまだに連邦は税務行政を渡してほしいと言っているのですが，ケベックは，それは税のハーモナイズではなくて混合であるということで，それは容認できないというふうに主張しています。

　しかも，アメリカに至っては，先ほど石村先生のほうからもありましたが，極めて多様な税が混在しており，売上税だけで見ても，課税ベースも統一されていない。課税ベースの定義，課税項目の定義も統一されていない。さらには，州だけではなくて，地方レベルでも課税を行っているような状態で，実際には，今回報告の中ではあまり触れられなかったのですが，アメリカで使用税徴収問題という，Amazon なんかの電子商取引を通じた財に対する使用税徴収問題を契機に，売上税簡素化協定というのをずっとやっているわけです。それも加わる州もあれば加わらない州もあるということで，実際には州レベルの課税自主権というものについてはかなり McLure の原則では無理を言っているのではないかという認識がすごくあります。では逆に，なぜそのような合理的な調和した売上税が実現しないのかということで，それを各国や各州レベルの政治過程や経済構造，文化的な背景を含めて課税自主権がどの程度容認されるのか容認されないのか，そういうことを丹念に積み上げていって，単に制度的な比較ではなくて，そうした実態に基づいたその国の合理的な税制のあり方というのを比較していくような視点が要るのではないかというようなことを言おうかなと思っていたのです。実際それができているわけではないのですが，やはり制度的な比較だけでは，実際の地方消費課税の評価は難しいだろうというのが問題意識としてありましたので，このような指摘をさせていただきました。

　それから2点目ですが，日本における

127

地方消費課税の改革にカナダの経験はどういう示唆を与えるのかということですが，これについては，東京大学の持田先生らが業績を残されています。基本的にはケベック型は無理だろうというのがあり，それは国土が狭い。県境をまたぐ取引にいちいち繰延支払方式を適用していたら，もう税務行政が大変なことになってしまいますので，基本的にはカナダのHST型がいいだろうと。なぜかというと，現行の国の地方消費課税は，一応課税標準が消費そのものではなくて国税の63分の17に設定されているわけです。さらに，そこで上がった税収を，各地の消費額をマクロの計算で一応出して，機械的に配分するという方式です。なので，HSTによく似ているのですが，HSTの場合は，課税標準を最終消費額に設定する。そこに各種の税率をかけて案分比率を決めるので，税率の操作が可能である。各州ばらばらの税率が一応実現可能ということで，税率決定権を付与するという意味ではHST型が日本の場合でもいいだろうというようなことをおっしゃっています。

実際に，では，都道府県ごとに税率が違ったらどうなるのだとか，日本の場合，税率が違う必要があるのかという議論ももちろんあります。そういう意味では，ただ，各地方自治体に税率操作権があるということですね。税率操作権があるということそのものはいいことではないかと，実際行使するかどうかは別として。

ただ，今の日本の地方消費税ではその能力すらないので，その点については示唆を与えるのではないかと私も思います。

3つ目について，これもあまり強調できなかったのですが，最後のほうで書いたカナダで州外移出の際にカルーセル詐欺が起きないのかということですが，HSTの場合はもちろん仕入税額控除をHST加盟州間では切断しませんので起きにくいのです。HST加盟州と非加盟州の間の取引とか，ケベックの売上税はまさにEU型ですので，当然ケベックを越えるときに移出ゼロ税率が適用される。ただ，ヨーロッパでカルーセル詐欺が生じてしまうのは，この仕入税額控除の連鎖を断ち切ったときに，その情報をつなぐものが，一応情報交換システムはあるのですが，それがうまく機能していないので脱税が起こってしまう。カナダの場合には，上位の付加価値税であるGSTがカナダ全州にかかっていますので，このGSTがすべての課税取引を把握していますから，雲隠れみたいなことは一応できないようになっていますので，連邦GSTがあるということがそうした脱税を防いでいる。これがちょっとEUにはまねできない。

湖東先生がご紹介いただいた，国家間で送金をして結果的に仕向地ベースでというようなことをしなくても，カナダの場合は，連邦GSTの存在自体が課税取引を正確に把握する上で役に立っている。報告の最後のほうで，アメリカが州付加

価値税だけをまず入れてということがちょっと現実的でないと指摘させていただいたのは，まず連邦付加価値税があって，州の付加価値税システムが機能しているという理解があるからです。

それから，石村先生のご指摘ですが，まずおっしゃられるとおり，今回，カナダの連邦レベルの GST については詳しく触れていませんでしたが，よく知られるように GST 税額控除，いわゆる還付付き税額控除が存在しているのがカナダの特徴の一つです。それから，食料品等に対するゼロ税率も存在しているので，非常に手厚い逆進性対策を行っている。これによる税収ロスは 37% 程度にも上るのではないかといわれておりますので，相当な税のイロージョンになるわけですが，それでもカナダはやらざるを得なかったところがあるのではないかと思っています。それは，GST そのものが相当不人気な中で導入されたということもありますし，カナダはやっぱりアメリカと違って福祉国家でもありますので，そういう政治的・文化的背景から入れていく。これをアメリカが導入するというのは考えにくいと思います。

また，二重の政府，連邦政府と州政府，あるいはアメリカの場合，地方政府をどうするのかという問題があります。そこでどういうふうに税源配分をするのか。もし仮に，消費課税を 3 つのレベルで課したときに，どういう共存の仕方があるのか，調和の仕方があるのかということ

に，カナダの実践というのは何かしら示唆を与えているのではないかということですね。

これについて示唆を与えているという議論は，研究者の中ではありますが，実際どこまで，どういう反応かということについては，私も，かなり疑問なところがあります。一番大きいと思われるのは，やはり州と連邦の関係だけではなくて，州と地方の税制調和が緒につかない限り，州と連邦の調和まで行けないのではないかということをちょっと思っております。ただ，これまでは，そういう州レベルの付加価値税，それから連邦レベルの付加価値税の共存がほとんどなかったのに対して，カナダがそういうことをやっている。しかも連邦付加価値税があって，小売売上税をそのまま残しているところもある。こういうのはやはり見ておかなければいけないかなと思っています。

司会（内山・成美大学） 篠田先生，先ほど，アメリカの税法学者の多数は，VAT は無理だろうとの意見に関して。経済学者の大勢は，McLure をはじめとして課税ベースは所得より消費がいいということで付加価値税の導入を主張していることをご紹介しておきます。よろしいですか，石村先生。

石村（白鷗大学） はい，結構です。

司会（内山・成美大学） 篠田先生に，技術的な問題です。湖東先生と私から 2 点あるのですが，カナダの GST が 7 % で導入した後，2006 年，2008 年と 5 %

までなぜ引き下げたのかという理由が1点。もう1点はご説明の中で，小売売上税，RSTは税の累積を排除できないというご指摘があり，単段階税だとその段階だけですから累積しないのではないかと考えられるのですが，この点について。

篠田（立命館大学） そうしましたら，湖東先生のご質問から。カナダのGST，税率の変更についてですが，確かにヨーロッパ諸国が税率引上げをできている中で，カナダは税率を引き下げてきたということがあります。2006年の税率引下げについては，やはりこの年，カナダの連邦財政収支を見ますと黒字を出しております。ですので，税率引下げの余地があったということがまず条件としてあり，それから税率を引き下げることによって，当時，連邦政府が求めていた各州のHSTへの参加について弾みがつくのではないかという意図もあったと理解しております。PSTからHSTに移ると課税ベースが広がってしまいますので，消費者からしたら増税感が出てしまいます。そのときにHSTの税率が下がれば，これは州の人たちを各州が説得しやすくなるのではないかという意図もあったと思います。2008年の件についても，基本的には同様かと思いますが，ちょっと確かなことがいえませんので，そういうことはあったのではないかということだけ指摘させていただきます。

それから，内山先生のご質問ですが，これは理論的には等価であるということ

で，ただ，累積を排除できないということの意味は執行上の問題で，仕入税額控除を例えばインボイスを通じてきちんとやっているVATと違って，これが小売なのか卸なのかというのを明確に区別しなければ，小売売上税というのは理想的には機能しないということです。もし卸売であるにもかかわらず小売として税の徴収義務を課せられた場合，その卸売価格に税がのっかったまま小売に売られ，その小売でさらに税がのっかるということです。これは結局，小売と卸を正確に区別していくという機能が小売売上税自体には存在しませんので，税の累積を完全には排除できないということです。だから執行上の問題になります。理論上は排除できるのですが，執行上，累積が生じてしまい，しかも，それが無視できないぐらいだということで，仕入税額控除を求める業界が非常に多かったということです。

司会 続きまして，湖東先生には6人の方から質問が出ています。最初，松井先生，粕谷先生，三森れい子先生，3人の方から。松井先生からどうぞ。

松井（税理士） 湖東先生はいつも考え尽くされた理論を書かれて，参考になるばかりです。特にシャウプ勧告（第一次勧告，1949年）で勧告された「付加価値税」がフランスの「付加価値税」の誕生（1954〜55年）の契機となり，その後次々にヨーロッパ諸国へ伝播し，我が国にも，「消費税」（1989年）として戻って

きたというのですが，そこらあたりは全く同感だと考えています。

　質問というわけではないのですが，EU のゼロ税率は暫定的なものだという話で，将来的には EU は 1 つの国でゼロ税率ではなくて，原産地主義でいくものですからゼロ税率もないと。ただ，EU 以外については外国との関係になりますのでゼロ税率だというふうに思っていましたが，今回丁寧なご報告で，不正還付によってかなり金額がイロージョンしているということで，そういう議論が原産地主義課税化を早めるということなのか，そこらへんについて教えていただきたいと思います。

粕谷（税理士）　従来，先生のご見解は，輸出免税・ゼロ税率は輸出の補助金に相当するというご主張で，そのような理論の展開をされているかと思うのですが，今回の EU の輸出免税制度のことについては，その補助金を廃止するという考え方からのご説明ではなくて，不正還付という改革でなおかつ EU 域内の問題なので，国内取引という見方もできないことはないので，そのへんの評価を補足的に，その面からご教示いただきたいと。

　それからもう 1 点，軽減税率ですが，これも先生のご主張では軽減税率は補助金という考え方をとられていますので，市場価格は市場で決まるので，軽減税率をしても意味がないという考え方をご紹介いただきました。日本でも議論のある低所得者の逆進性対策で，価格は自然に

経済の論理で決まるとしても，当然供給者側が赤字で供給すれば，将来その商品は売れなくなりますから，自然に VAT が入った価格で決まる。つまり VAT の含まれない価格はないはずなので，そういう意味では，VAT がゼロ税率で含まれなければ価格は下がるので，低所得者にもメリットがあるのではないかと理解するのですが，その点も含めてご教示いただきたいということであります。

司会　あわせて三森先生，お願いいたします。

三森（税理士）　湖東先生が提案されている新しい制度の財務省間移転制度というものですが，非常に稚拙な質問で恐縮ですが，これを例えばマレーシアの GST に採用した場合にどうなるか。マレーシアでは 2015 年 4 月に GST が導入されました。この国はインボイスによる多段階仕入税額控除を採用しております。6 ％の税率のほかに，日本と輸出免税は同じなのですが，そのほかに，先ほど石村先生がおっしゃっていたような生活必需品とか公共の乗り物とか，ゼロ税率のものがたくさんあるのです。一部は非課税もあるのですが。この国で輸出業者以外の事業者が，この新制度，財務省間移転制度，つまりゼロ税率を採用した場合，各事業者については還付だけが発生することになるのでしょうか。それが 1 点です。

　もう 1 つは，今，国会で TPP が議論されておりますが，先ほど粕谷先生もおっしゃっていましたが，消費税の還付金

というのは建前で，実は国からの補助金であると。この補助金が使用されて，国際競争に勝っているのだということが言われております。輸出の相手国の脅威となっているわけです。例えば米国にとっては脅威になっていると思うのですが，このゼロ税率を廃止した場合，特に米国との関税の関係などはどのようになるとお考えでしょうか。この2点についてお聞きいたします。

司会　それではお3人の方に，お願いいたします。

湖東（元静岡大学・税理士）　非常に高度な質問が多いのですが，わかる範囲でお答えしたいと思います。

まず松井先生，ヨーロッパは1つの国だから原産地主義でいいという考え方があるかもしれませんが，付加価値税を消費課税ではないと見れば原産地主義でいいということになります。しかし法人税だって所得税だってそれぞれの国で課税しています。ヨーロッパは1つの国という考え方にたてば，これらの税も1つにしなきゃおかしいことになってしまいますね。だから今，EU委員会の意見は，原産地主義はとらないということを前提にしているのです。

つまり，カナダのことで篠田先生がご指摘したように，あの小さな州ごとにやりとりしてケベックのようなことが起こるわけですよ。国内でも消費地主義なのです。そのためEU委員会は，これは三森先生の質問にもありましたが，輸出国

の財務省が相手国の税率で預かったものを，事業者に還付せず，その相手国に渡すことによって，仕向地主義，消費地課税主義を維持しようという考え方です。だから逆行するといえば逆行するのですね，原産地主義をとらないのです。これはもう前提が付加価値税は消費課税だということに立っているわけですね。

徹底した仕向地主義をとるために，どうしても財務省間移転をしなければならないのです。

次に，三森先生からの質問です。EUの財務省間移転制度，財務省間でやりとりするため，事業者には還付金は発生しないわけです。ゼロ税率を使いません。ただ，輸入業者の仕入税額控除が大きくなるのです。そのため輸入国，B国に対する納税額が減るわけですね。その減った分を今度は財務省間の移転でB国は輸出国A国からもらいますので，帳尻が合うことになるのです。繰り返しますが事業者への還付は発生しません。

マレーシアは今6％で始めたばかりで，イギリスのように生活必需品にゼロ税率を採用していますね。要するに，国内販売でもゼロ税率を適用するということですが，EUはこれをやめろと言っているわけです。しかし，イギリスはやめない。私はイギリスがEUを離脱したのもそこに1つの原因があるかもしれないと思っています。なぜかというと，例えば牛乳がありますね。イギリスの牛乳はゼロ税率ですから，スーパーに安く出ます。あ

132

そこはたまたま国境に海がありますが，隣の国の牛乳がゼロ税率ではないとしたらどうなりますか。価格競争で違いが出ますよね。EU委員会はそういう違いが出るのは不公平だと指摘しています。だからゼロ税率はいかんということになるわけです。

それと，ゼロ税率や軽減税率は，逆進性対策として必要だというご意見があります。カナダの報告でもありましたし，イギリスの報告でもありました。私も，これは経済実態として，例えば消費税が5％から8％に上がったとき，あるいは今度，8％から10％に上がるときに，物価が上がることは事実ですが，では，軽減税率の対象になったものの値段が，絶対に上がらないのでしょうか。私は上がると思います。なぜかといえば，周辺取引がみんな上がりますから。もし上げなかったら，例えば自販機の販売をしている業者は周辺取引が全部上がりますから，とてもではないが金繰りがいかなくなるわけですよ。だから便乗値上げをするに決まっています。それは法律で禁じられていないからですね。

既にゼロ税率を施行しているマレーシアやカナダやオーストラリアやイギリスにしても，ゼロ税率を勝ち取っている事業者の納税額は激減しております。これは私が言っているのではなくて，ドイツのペフェコーフェン教授が指摘しているのですが，特定企業に対する補助金にしかなっていないというのです。これは一部当たっていると私は思っていますし，私の考え方は，そこから出発して輸出ゼロ税率も補助金だという考え方になるわけです。

輸出補助金がゼロ税率をとっていて，補助金になっているという指摘を最初にしたのはアメリカです。アメリカ政府が指摘したのです。アメリカは輸出企業に対する還付金を「リベート」と呼んでいます。輸出業者に「リベート」を政府が渡している，これは貿易の自由を奪うものである，GATT協定に違反する，として提訴したのですね。GATTではアメリカが負けました。なぜかというと，ヨーロッパでやっているのは間接税だからいいのだという判断をしたわけですね。だから付加価値税は間接税でなければならないのです。でないとゼロ税率が認められないのですね。GATT協定は今はWTOになっています。

私は少々極論なのですが，仕入税額控除，前段階仕入税額控除はゼロ税率のためにできたものだと考えているわけです。だから仕入税額控除制度を絶対に許すことはできないのですね。菊谷先生は逆進性対策でイギリスは非常によろしいと言っておられますが，ゼロ税率はもちろんそれを扱っている事業者にとってはありがたい制度です。軽減税率も同じです。そのため，それを勝ち取るために業界がものすごい運動をするわけです。実際に運動して勝ち取っているわけですね。軽減税率やゼロ税率は業界の運動であって，

低所得者の運動ではないのです。そういう点も注意をしなくてはいけないのではないかと思います。粕谷先生の質問はこれでよろしいでしょうか。

　もう1つ，三森先生からいただいた質問で，TPPとゼロ税率の関係についてです。TPPはもっと大きな問題もあるのでしょうが，私もTPPは最初のころ，何だかよくわからなかったのです。やはり日本にとっては輸出奨励制度ですよね。諸外国ではそうでない国もあるかもしれませんが，いずれにしても自由貿易をしようということですから，TPPが本当にまとまったとすると，これは輸出企業にとっては大変有利になる。その際にゼロ税率が働いて，輸出企業にまた大きな補助金が行くであろうと。そのために財界が躍起になってTPPの締結をせよと政府・与党に働きかけているのはご存じのとおりであります。

　消費税の税率が5％から8％，10％に上がるときに，アメリカはどういうふうに考えたかということですが，これは学者によっても違いますが，安倍さんが呼んだ学者は，何人かのうち多数の人は，「税率の引上げ待った」という考え方でした。日本の消費税の税率が上がれば上がるほど，アメリカにとって輸出がしにくくなるわけですね。ですから，これはトマ・ピケティさんが来たときに岩本沙弓先生が直接質問して聞いたことですが，消費税・付加価値税というのは，貿易のためにあると。税率がなんでこんなに上

がったかといえば，他国からの輸入を制限するために税率を上げたのだという答えでした。まさに輸出国アメリカと輸入国ヨーロッパの貿易摩擦こそ付加価値税の本質問題なのです。

司会　引き続いて，鶴田先生と石村先生からいくつか質問が出ております。鶴田先生から。

鶴田（関西大学）　湖東先生からは，現在のEUにおける消費課税見直しの新しい動向を紹介していただいて，非常に参考になる興味深いご報告をいただき，ありがとうございました。

　それで，私の質問は2つあります。前段階税額控除方式に基づく付加価値税ではなくて，加算法に基づく所得型付加価値税に日本の消費税も改革すべきではないかというふうにご提案をされたのではないかと思いますが，確かに所得型付加価値税の提案というのは，かつてシャウプの，府県の地方税改革の一環として付加価値税として提案されて，実現されないまま終わったといういきさつがあります。もし今の時点で日本の消費税を所得型付加価値税に改革するとすると，地方にある法人事業税の特に付加価値割，これが今，外形標準課税として導入されたわけですので，それとのかかわりという点ではどういうふうに考えたらよろしいかということで，そのあたりのお考えを少し説明いただければというのが第1点です。

　それから2番目に，ドイツのペフェコ

ーフェン教授の理論を紹介されて，要するに，軽減税率というのが結局業界への補助金になっているということで，決して軽減税率は中・低所得者の負担軽減につながっていないという議論をされているわけですね。このドイツのペフェコーフェン教授の理論がそのまま当てはまるかどうか，ちょっと私には判断しにくいところがあるのですが，軽減税率そのものが中・低所得者の特に逆進性の解消につながらないというのは，財政学のほうのいろんな実証研究はあるのです。それによっても，確かに逆進性の右下がりの負担率がほぼ平行移動するだけだというのが，だいたいいろんな実証研究の結果として出ているのですね。ですから，逆進性そのものは解消されない。ただし，軽減税率を入れると，多少税負担が相対的には下がるという結果が出ているのです。湖東先生の消費税改革の提案では軽減税率を一切入れないと，2番目の軽減税率を廃止するという結論になっているかと思います。ただ政府の方向としては廃止するというよりは8％に据え置くかどうかが議論になっているわけです。湖東先生は税率そのものを引き上げることに反対だというお立場でもあると思いますが，もし税率が上げられた場合，軽減税率が導入されない場合には，中・低所得者層の負担は，その分，高まると考えておられるのか，いや，別のやり方で解消できると考えておられるのか，そのあたりについてさらにご説明いただければ

ということです。

司会　石村先生，続いてお願いいたします。

石村（白鷗大学）　湖東先生の考え方というのはいろんな問題点があると思うのですが。今日，本当はニュージーランドの GST を発表してほしかったのですが。ニュージーランドはゼロ税率とか軽減税率を全部廃止して，その代わり基本税率を下げよう，それと同時に非課税にも手をつけて，金融取引を非課税から課税という方向へ持っていくというふうな提案も入れてやっているのです。軽減税率に一本化して非課税まで手をつけてやるのは，学者に言わせると非常に公正な税制だと言うのですが，一方でただ増税路線を走っているだけだという反対意見があります。ですから今，鶴田理事長もおっしゃったように，原産地主義にすべきだ，輸出免税を廃止して，国内非課税も全部廃止にして，軽減税率も廃止して，どんどん課税強化路線を走るというのは，私は決して正しい方向ではないと思うのです。

　いわゆるゼロ税率には，輸出免税というゼロ税率と，生活用資産等に対するゼロ税率と2つあって，先ほど紹介のあったマレーシアの例では，イギリスの伝統に従って生活用のものについてもゼロ税率を適用していると思うのです。それを切って全部課税にすると，税収は上がるのですが，その路線が正しいかどうかというと私は，ちょっと違うのではないか

と感じているのです。つまり輸出免税と生活用資産やサービス等に対するゼロ税率の適用は，別に考えなければいけないのではないかと思います。イギリスの制度をヨーロッパの国々は非難するのですが，イギリスの制度というのは，旧イギリス領であったアフリカ諸国の学生から聞くとこれらの国々でもゼロ税率が入っているし，カナダも入っています。ヨーロッパの国々のほうが異常なんではないかという議論をしているわけです。ですからそこの点が私は解せないのです。

それからもう1つ，輸出免税というものに対してそれを廃止する，輸出取引に対してゼロ税率を廃止するといった場合に，現在，EUでは，電子商取引についてはクリアリングハウス方式をとって税収の分配をしているのですが，輸出免税を廃止した場合，いわゆる原産地主義，origin principle を採用するのかどうか，これはちょっと先生の意見からはわかりませんが，現実空間取引に対してもクリアリングハウス方式を採用するということなのですか。そのへんはちょっとはっきりさせていただきたいなと感じました。

湖東（元静岡大学・税理士） 鶴田先生の最初の質問なのですが，今，我が国は法人事業税の付加価値割があり，これとどういうふうにリンクさせるかということかと思います。もし加算法の消費税を我が国に入れるとしたら，理論的にどうするのかというお話であります。法人事業税の付加価値割は，これはもちろん地方税なのですが，今税率は0.48％ですね。この0.48というのはものすごく低い税率です。もちろんもっと上げていく。同時に，外形標準課税というのは，私，もちろんずっと反対なのです。なぜかといえば，それは外形標準課税で赤字のところに課税されたらたまりません。今1億円基準があり，1億円以上のどちらかといえば大きな企業を中心に課税をしているということで，課税されている企業がかなり少ない状況です。これに着目すべきだと。

それはもちろん闘いですから，中小企業が頑張らないと資本金基準が下げられてしまう。資本金基準を下げられるかもしれませんが，なんとかして今の1億円基準が守られていけば，国税ではなく地方法人事業税の拡充という形で，税収を地方に回してもいいのではないかと思っています。逆に国税の消費税分を地方に回して，地方から国に回してもいいという考えです。ほかにも法人事業税の付加価値割には資本割なんていうのもあり，これも合理的に応能負担原則にかなうように，変えたほうがいいと考えております。今は平均税率ですから，これは応能負担原則に反します。要するに加算型の所得型付加価値税によればゼロ税率がなくなる，輸出還付制度がなくなるという意味で考え出した苦肉の方策であります。

それから，軽減税率ですが，財政学者の皆さんの実証研究のように，ドイツでも連邦統計局の調査で低所得者の対策と

しては極めて不十分であるということが明らかになっています。なぜかというと，負担率を比べれば，所得の低い人に対する負担率は下がるかもしれない。ただし，これは全部きれいに税率どおり転嫁したということを前提にしています。そういうことはあり得ないのですが，仮にそういう税金だということを前提にしても，負担額が少なくなるのは高額所得者である。これを受けてペフェコーフェン教授は，軽減税率は高額所得者対策となると言い切っているのですね。

ただし，これは鶴田先生の御懸念でもあるのですが，軽減税率を入れないと中・低所得者の負担が高まるのではないかという指摘がありました。この議論の前提として私は消費税引上げによる物価上昇は税負担の上昇とは思っていません。あくまで物価の負担が上がるということになります。そういう意味では確かに負担は増えます。

しかし，法律で転嫁が保障されていない税金ですから，いったいどうなるかはわかりません。物価が上がるという点では否定はしませんが，逆進性対策として軽減税率が必要だという点では，ちょっと違うのではないかなという意見を持っています。これは昨日，記念講演をしていただいた富岡先生も消費税は税金ではないのだよ，物価だよ，物価だよと盛んにおっしゃいます。私も物価だと思っていますので，物価が上がるという意味で，経済的負担は確かに発生します。しかし，

税の逆進性とは違うのではないかと考えています。

それから，石村先生，ありがとうございます。ニュージーランドでは金融取引課税をするということ，いいことですね。私も金融取引は，先ほど言いました法人事業税の所得型付加価値税では全部課税すべきだと思います。銀行が課税されないということはおかしい。現に今も法人事業税は課税になっていますから。ただし，石村先生が盛んに，ゼロ税率をなくすと大変なことになると言っておられるのですが，ドイツのペフェコーフェン教授が指摘しているのは，軽減税率をなくすことによって，それまで失われていた税収をもとに標準税率を引き下げることができるということです。例えばイギリスで，生活必需品ゼロ税率，あるいは軽減税率を廃止したとすれば，そこで失われている税収を計算し現在の標準税率20％をどのくらい下げられるかということになります。私もまだ計算をしたことがありません。

石村（白鷗大学） 10％にはできるのではないですか。

湖東（元静岡大学・税理士） そうですね。イギリスの場合，10％ぐらいに下げられる可能性がある。これがドイツのペフェコーフェン教授が言っている低所得者対策です。これによって税率は1本ということになります。軽減税率を廃止するだけでは単なる増税になってしまいます。標準税率を下げるということが前提で軽

減税率を廃止すべきでしょう。

　それから，EU の取引の中で輸出ゼロ税率を廃止すると，国家間のやりとりになるということで，クリアリングハウス方式を採用するのかどうかというのですが，クリアリングハウス方式に近いと私は思っています。実際にはまだそこまでEU 委員会でもデザインができていないようです。ただ，それしか方法はないでしょう。輸出相手国全部の分を預かっているわけですね。同様に相手国も預かっているわけです。それを相殺してやりとりをすれば，税収は今までどおりということになるのではないか。そういうやり方だと思います。

司会（内山・成美大学）　私，座長ですが，一点質問させていただきます。

　イギリスのゼロ税率・軽減税率について。30 年ほど前と 10 年ほど前にイギリスで在外研究に従事したのですが，食料品がゼロ税率ですのでパンとミルクとベーコンと肉，毎日要るものがやっぱり安いという実感がある。それと子供服ですね。12 歳以下の子供とそれ以上の年齢用の服売り場を別にしています。15 歳の子供でも小さい子は子供服を買えるのですが，今基本税率が 20％ですので，軽減税率 15％ってものすごく安く感じるのですね。ただ，それは税率分以上に高くしているのではないかという複雑なものがあるのですが，菊谷先生が最初盛んにおっしゃっていたように，弱者への対応とか逆進性緩和を実感として感じたと

いうことを申し上げます。これへのご回答は必要ありません。

　次に，事業税の付加価値基準と消費税との比較に関して，私は理論的に両者が全く別物であるという考えであります。加算型であっても付加価値という名前が一緒だと何か共通性がないわけではないのですが，たぶん企業会計の現場，中小企業のところでは，かなり近似の実感はおありではないかと思います。直接税と間接税を，私は峻別する考え方をとっております。

　それと昨日の奥谷先生のお話で，ドイツでは前段階税額控除で仕入という言葉を使わないことに関して。付加価値税という名前になっているのですが，これは仕入というのは買い手のほうの売上ですから，売上から売上を引いて税額控除をやっている。だから私は学生には必ず括弧して，「売上から売上を引いている」と話します。一般的な消費課税は一般売上税であるというのは学術上の用語で，とにかく売上がベースになっている税ですので，私は峻別して，全く違う税であるという考え方であります。

　ただ，消費税を加算型の付加価値税に変えるという議論が出るのは，中小企業の現場の会計では，加算法・控除法といってもやっぱり重なる部分があるのでそういう意見が出てくると思います。経済学者はアバウトに考えるのではなく，理論的に考えると全く違うという立論になると申し上げておきます。だから，シャ

ウプ勧告で勧告された事業税としての付加価値税は，消費税としての付加価値と基本的に異なるという考え方をとっています。ただ，生みの親はシャウプだとお書きになると，研究者の良心に恥じると思って申し上げる次第です。

湖東（元静岡大学・税理士） 内山先生とはここのところが全然水と油でして，申し訳ありません。私は，名前が同じだからということよりも，シャウプが考えたのはむしろ，付加価値という経済的な価値，簡単にいえば粗利に課税をする。引けないものに人件費，これは内山先生がおっしゃった一番大きいのは人件費ですから，まさに賃金課税ですね，シャウプはこれを考えていました。そうすれば赤字の企業にも課税ができるという発想です。そこが原点なので，その課税標準を見つけるための手段として控除法と加算法があって，両方法による答えは一緒になるという考え方です。

　今の法人事業税の付加価値割と消費税の課税標準は，もちろん厳密に言えば違っています。ただ，仮に人件費ということを考えれば，まさにアバウトな課税標準は一緒になります。もちろん中小企業では今課税されていませんから計算することはないですが，消費税と法人事業税の付加価値割の課税標準はほとんど一緒になるのですね。そういう意味で私は，消費税は付加価値に着目して課税をする直接税だと。もともと直接税であった税金を無理やり間接税にしているために，

事業者も消費者も課税当局も大変な苦労をしている。法的構成も大変です。例えば簡易課税だとか，免税事業者だとか，基準期間だとか，そんなものは間接税には不要です。それは直接税の概念なのですね。それは間接税には不要な仕組みなのです。私はそういう点で消費税は間接税を装った直接税だという考え方で，峻別しない考え方なのですね。内山先生，申し訳ありません。

司会 提出された質問への応答は以上で終わりになりました。まだかなり時間があります。このほかに質問用紙に書かれなかった先生で質問がある方は，挙手の上，ご質問いただければと思います。

石村（白鷗大学） どうしても内山先生の考え方に乗り切れないのですが，昨日もあれは事業税なのだ，だから消費税ではないのだというふうな説明をされていて，ただ私は付加価値に対して課税する税金という観点から見ると，二重課税・重複課税に当たるのではないかという理論展開をずっとしてきたものですから。先生がなんで一生懸命に分けて，あれは事業税で違う税金なのだというね……。だから外形標準課税というかは別として，事業税なのだ，あれは別なのだ，所得と消費と違う税金なのだと，そこのこだわりがちょっと私は理解できないのですが，それは何なのでしょうか。

司会（内山・成美大学） 先ほど控除法の付加価値は売上から売上を引くという言い方をしましたが，価格を通じて課税

139

をすることを重視します。つまり生産，分配，消費という各局面での課税を基本的に区別するのです。所得税というのは分配局面での課税だという考えです。ただ，事業課税は所得基準ではないので，いわゆる事業活動に対する課税だから別の論理は要るのですが，価格を通じて課税するというのは違うのです。もう１つ，個別消費税というやはり価格を通じて課税をするのがありますから。この関係もありますので，事業課税と消費税が基本的に同じだということになると，個別消費税との対応関係が問題にならないことになってしまいます。経済学者の論理では峻別するということです。

石村（白鷗大学） そうすると，現行の事業税は全く問題ないということですね。むしろ１億円以下に広げても，これは全く問題ないという議論につながりませんか。私は，やはりこの税金は，付加価値に関して課税するという意味では，同じ課税ベースに対して課税している―課税ベースといえるかどうかはちょっと疑いもありますが，同じところに課税しているのではないか，だから重複課税と考えます。やはりどちらか１個に整理すべきだと思います。名称を変える形でどんどん課税する考え方を認めていくと，何か先生がもともと考えている考え方と齟齬が出てくるのではないかなという感じを受けるのですが，そうでもないのですか。

司会（内山・成美大学） 論理は一貫しております。そうなると結局，事業課税

を認めるか認めないかという問題だと思います。事業課税を所得基準でやると，法人所得税と地方法人税と同じになるので，やっぱり事業活動に対する税源というのは可能です。ただ，その場合に負担を考えて，例えば資本金１億円以上の企業への課税というのは合理性が極めて高いと思います。いわゆる府県税というか，一定広域政府のインフラ整備などの経費をどう考えるか。所得がなければ負担しなくてもいいのかという点から見て，私は，事業課税は中間政府というか，府県の重要な税源として考えます。

石村（白鷗大学） ということは，湖東先生の意見を取り入れて，国レベルでも所得型を採用し，地方でも所得型を採用するということはあり得ないから，そのへんの調整はどういうふうに考えていくのですか。もし湖東理論に従って，所得型の付加価値税に変えるというふうな議論をするとすれば，それでは地方の外形標準課税というのはどういうふうにアレンジされるべきなのですか。

司会（内山・成美大学） 総生産型と所得型と消費型付加価値税の区別は，個別企業レベルとマクロ経済レベルと両方あって，シャウプがそれを著書『財政学』で説明しています。所得型というのは国民所得が課税ベースになるという話なのです。個別企業のベースをどうするかという問題に加えて，総生産型というのはGNPで，消費型というのは資本財を控除するから投資と消費のうちの消費だけ

を課税ベースにする間接税という置き方
です。企業の付加価値を加算型で人件費
プラス利子，利潤の形の付加価値とは全
く異なるのです。たまたま抽象的理論レ
ベルで同じになるだけで，実際には異な
ります。売上から仕入を引いたものと，
加算型で付加価値を計算する場合，大い
に違うと思いますが。

石村（白鷗大学）　鶴田理事長はそのへん，
どう考えているのですか。同じ財政学者
で同じ考えですか。お聞きしたいと思い
ます。

鶴田（関西大学）　ちょっと私も今の説
明には必ずしも納得していないのです。
内山先生は，経済学者はすべてそういう
ふうに考えていると言われましたが，必
ずしもそう言えるかどうかというふうに
感じているのです。

　いや，言っている趣旨は，要するに事
業税というのは事業活動に対して課税し
ている。事業活動の課税標準を何でとら
えるか。その前に所得をとるのか，それ
とも付加価値をとるのかということで，
現行の法人事業税というのは事実上，所
得が中心になって，それに外形標準を加
えただけですよね。ですから，ある意味
でハイブリッドなわけですね。つまり所
得基準と付加価値基準，あるいは資本割
まで入っていますので，そういう形では
非常にハイブリッドな課税ベースになっ
ているということですね。

　課税ベースということで見れば，先ほ
ど言われたように消費型の付加価値税も

消費が課税ベースですから，その点では
現行の付加価値基準が入っている事業で
の付加価値割，これは比較的，消費課税
ベースに近づくのですね。経済学で見る
と，言われたように総生産型，所得型，
消費型というように，付加価値の類型区
分をします。ただし，経済学で言う本来
の付加価値というのは所得型ですので，
それと売上引く仕入が付加価値ですよと
いう消費型の基準とのあいだには，正確
にはずれがあるのですね。ですから，そ
のあたりが整合的になっていないですか
ら，売上から売上を引きますよというの
もちょっと理解しにくいということで，
私はやっぱり課税ベースが何かというこ
とできちんと見るべきではないかと思い
ます。課税ベースとしては消費ベースか，
所得ベースか，財産ベースかしかないは
ずですから，各税の分類の場合に，どの
課税ベースに該当するのかをみるのは，
ひとつの分類基準ではないかと思います。

　他方，税の分類を経済循環の中での課
税ポイントでみる考え方もあります。先
ほど言われたのは，経済循環のどこの時
点で課税するのか，生産レベルなのか，
分配レベルなのか，消費レベルなのか，
そういう見方もありますので，そのへん
がごっちゃになると，税の区分そのもの
がはっきりしなくなるのではないかとい
う感じがあって，ちょっと議論がずれて
いるのではないかとさっきから感じてい
たのです。内山先生が峻別すべきだと言
われたのは，課税ベースの区分のレベル

と経済循環の中での課税ポイントの区分のレベルを峻別すべきだという趣旨ではないかと思います。すみません，余計なことを言ったかもしれませんが。

司会 白熱した議論が続いておりますが，できましたら今日の4先生へのご質問にしていただけると，司会者とすると非常にうれしゅうございまして，4先生に対するほかのご質問がありましたら，挙手の上，お願いできればと思います。

安井（立命館大学） 今回のシンポジウムテーマの本筋と外れるのですが，湖東先生にお伺いします。最終的に湖東先生がご提案された，現行の日本の地方税のうち法人事業税を付加価値割型に特化すべきだというところで，現状，付加価値割で課税されるのが資本金1億円以上の大企業にのみということになっています。現行法では，中小企業と大企業を分ける基準として，この資本金1億円というのがよく使われるのですが，現状，資本金というのが，実態的にあまり意味をなさない概念になってきています。湖東先生は，この資本金1億円で大企業かどうかを区別することに関してどうお考えかをお伺いしたいと思います。

湖東（元静岡大学・税理士） ご指摘のとおり，これは現状の法人税法や法人事業税の付加価値割の基準を1億円で線を引く程度の便宜的なものと考えています。実は平成24年の白鷗大学のときに発表させていただきましたが，資本金のほかにも基準が必要なのです。例えば今，株

式会社は資本金10万円からできますよね，10万円以下でもできますが，従業員の人数なども1つの基準として考えたらどうか。それから売上高，こういったものを合わせて大企業と中小企業を分けたらどうかという提案をしました。

ですから，1億円というのは今の法人事業税の付加価値割の基準で，これでは個人事業者の事業税が抜けてしまいますので，個人事業者の場合でも，例えばかなり大きな売上高を持っているところや従業員が1,000人もいるところがないわけではないのですね。ですから，そういうところも含めて考えたらどうか。中小企業庁の従業員基準でいえば300人というのが1つの目安ではあるようですが，もう少し多くてもいいかなと思います。あるいは売上高でいけば今5億円が消費税の案分計算をする基準で，大法人ということになっていますが，もうちょっと大きいほうがいいのではないかと思っています。

司会 ほかに質問がある先生，いらっしゃいませんでしょうか。

中西（税理士） 今の経済学とか財政学のお話とはちょっと関係しないのですが，ただ，今，加算型と減算型で付加価値は同じかどうか，日本の消費税の場合，所得税とか法人税で，いわゆる権利確定主義とかで決められるもので出てくるものと，仕入税額控除の消費税，ここで出てくるものの違いは減価償却ぐらいで，あと引渡しが完成しているかどうかという

微妙な違いがあるのですが，そういう話があって，あともう１つ，日本は最初から帳簿方式で，今現在，帳簿及び保存を仕入税額控除の要件としているので，これでさらにインボイスを入れる。

今回出てこなかったテーマなのですが，手続的な質問を皆さんに１つしたいのです。平成16年12月16日，帳簿の提示がなかった場合の仕入税額の全部の否認，これを根拠として，平成17年３月10日かな，最高裁判決ですが，本坊事件ですよね，帳簿の提示がなかった場合における青色申告の取消し。こういうことがどうして起きたかというと，要するに，所得課税である個人の所得税，それから法人税の調査と，日本の場合さらに源泉と消費税，おまけに印紙税まで同時に調査をしています。これが当たり前だということになっているのです。例えば歴史的に見てもそうですが，イギリスは，今HMRC ですが，それまで関税・間接税は別部門でしたよね。あと私，1996年にカナダに行ったのですが，Revenue Canada ができる前の年でした。そのときに向こうで税歴表みたいなものを見せてもらったのですが，そこで GST の納税額と法人の所得の乖離があるよというふうに税務当局が見せてくれるのですよ。だから，乖離があるから行きたいなみたいな話。だから一緒に行っていないという話ですよね。

何を聞きたいかというと，日本では帳簿方式だから同時調査が当たり前だとい

うところから始まっているのですが，世界的に見てこれは常識なのかどうかということについて，皆さんお１人ずつから，短くていいですから，お聞きしたいと思います。

菊谷　ちょっと聞き取りにくかったのですが，要は帳簿方式が世界で常識かという……。

中西（税理士）　日本では帳簿方式が当初用いられたので，それに合わせて国税庁の組織を改編して，前は法人部門，所得部門となっていたとか，個人と法人部門，要するに税目ではなくて個人と法人というふうに納税者の態様で分けて，消費税対応に組織も改革して，法人税，所得税，源泉徴収税率，あるいは法人税と消費税，あるいは所得税と消費税の同時調査をするのが当たり前という体制をつくって，それでもって調査に入った。歴史はいいですが，この同時調査ということ自体が手続法規的に正しいかどうか。これは必ずしも世界的にはグランドルールではないと思うのです。そのことについて皆さんはどうお考えかという１点だけ。だからイエスかノーかだけでいいです。

菊谷　1973年に英国で消費課税が導入されて，英国の場合は国税だけです。昔はレート・ポールタックスがあって，今はカウンシルタックスという，日本でいう固定資産税で，地方税はそれ１個なのです。先ほどの内国歳入関税庁の中でやっていますので，所得も，国税でやって

いますので，独自でやっていると思います。

奥谷 ドイツにつきましては，15年ぐらい前にドイツ税務署を見たときの記憶に基づいての話になってしまうので恐縮ですが，たしか税目ごとで部門が分かれていたと思いますので，調査が同時に行われていないのではないかと思います。

中西 そうですよね，それが普通だと思います。

司会 ちょうど時間となりました。これでシンポジウムの質疑応答を終了させていただきます。

Ⅱ　一般報告

2016 年 10 月 29 日　第 28 回大会（於　法政大学）

税理士は，納税者の忠実な助言者・代理人であるべきか？
——税理士倫理の展望と課題——

馬　場　　陽

（弁護士）

はじめに

　税理士は，納税者の忠実な助言者・代理人であるべきか。学界・実務界で賛否の論争がある[1]。両説の対立は，時に，日本国憲法がいかなる租税観をとるかという対立にまで遡るが[2]，本報告は，そこに直接は立ち入らない。本報告は，主に専門職倫理の観点から，この問いが持つ意義と課題を考察するものであり，その考察に必要な限度で，憲法との関連も述べることとする。

I　2つの税理士観

　「税理士は，税務に関する専門家として，独立した公正な立場において，申告納税制度の理念にそつて，納税義務者の信頼にこたえ，租税に関する法令に規定された納税義務の適正な実現を図ることを使命とする」（税理士法1条1項）。

　この「税理士の使命」をめぐり，2つの税理士観が対立する。

　第1説は，税理士に対し，納税者にも税務当局にも偏しない中立の立場を要求する[3]。そこでは，税務行政が恣意に流れることのないよう税務当局を牽制し，同時に，納税義務者が私利私欲や無知のために納税義務の履行を怠ることがないよう指導することで，適正な納税義務の内容を実現させることこそ，税理士の使命とされる[4]。

　第2説は，税理士を納税者の忠実な助言者・代理人とみる。例えば，北野弘久は，「いわゆる限界状況においては課税庁と納税者の間に論理的に『中正な

立場』,『公正な立場』なるものは存在し得ない。[5]」との理解を前提に,税理士を「納税者の諸権利の擁護を通じて納税義務の履行に協力する法律家・弁護士[6]」と位置付け,その立場は「クライアント〔納税者〕にとって弁護人的である[7]」とする。

Ⅱ　税理士法の沿革

戦中の税務代理士は,税務行政の補助機関と位置付けられていた。戦時下における増税の中,「税務行政執行面の人手不足」を補うものとして,昭和17年に制定されたのが税務代理士法である[8]。

戦後の昭和22年に申告納税制度が導入され,昭和24年,25年にシャウプ使節団の報告書がまとめられる。「第二次シャウプ勧告」によれば,「能率的な租税制度」を支える税務専門職は,納税者の代理人として税務行政上の誤謬から納税者を保護し,行政制度について見識のある批判を加えるものであり,こうしたものとして,税務代理士制度の見直しが提言された[9][10]。

この報告を受けて,昭和26年に税理士法が制定され,そこに「税理士の使命[11]」が謳われる。税理士法1条に「税理士は,中正な立場において,納税義務者の信頼にこたえ,租税に関する法令に規定された納税義務を適正に実現し,納税に関する道義を高めるよう努力しなければならない」との規定が置かれたのである。

その後,昭和55年に第1条が改正され,「中正な立場」を「独立した公正な立場」に改めるなどの変更を経て,現在に至っている[12]。

Ⅲ　税理士制度の意義

このように,税理士制度の歴史的意義は,税務専門職の地位を税務当局の補助機関から脱却させたことにある。

第1説は,その新しい地位の根拠を「法律家としての独立性」に求め,「独立した公正な立場」とは,「ただ,法律のみに従い,その法律の解釈も自己の良心に従ってのみ判断する[13]」いわば裁判官的なものと理解する。そして,「税理士の使命」は,「税務官庁にも,納税者にも偏しないということを明確にしたも

のであって，時には依嘱者に不利なことがあっても，それが『租税正義』に合致する限り断乎実行する」と述べて，公益代表者としての税理士像を描き出す。[14]

これに対し，第2説の主唱者は，新しい地位の根拠を代理制度の理念に求めている[15]。それによれば，任意代理の本質は信任であり[16]，依頼者の信任に応えて忠実を尽くすことこそが，法律家たる税理士の役割とされる[17]。そこでは，裁判官的というよりも，納税者の「弁護人的」役割が，税理士に期待されている。[18]

IV　法律家としての税理士

このように，両説は，いずれも税理士を「法律家」と位置付けながら，別々の税理士観にたどり着いている。そこで，以下，法律家の役割論を手がかりに，その分岐点を探ることとする。

1　法律家の社会的役割

（1）　法律家の使命

立憲民主国家において，公権力は，その共同体における正義を法として一義化する[19]。

この法に定められた正義を実現するのが，法律家の役割である[20]。法は，万人が利用できる公共財であるが，現実には，専門家の支援なしに法を正しく利用するのは困難である[21]。弁護士等の法律実務家は，個別の案件に関して依頼者による法の利用を援助することで，国民にとって法を実際に利用可能なものとし，これを通して，社会に法的正義を提供する。

（2）　法律家と依頼者の関係

このとき，法律家が扱うのは，生命・健康（医師の場合），思想・信条（宗教家の場合）と並んで，依頼者の命運を左右し得る権利・義務の問題である。法的問題に直面した依頼者は，ある時はその利害状況の深刻さゆえに，ある時は知識・技能の偏在ゆえに，法律家に依存せざるを得ない状況に置かれ得る[22]。そこで，法律家の職業倫理は，法律家の利己心を抑制し，依頼者の利益を尊重して法律事務を追行することを要求する[23]。

149

(3)　法律家の公共的責務

　しかし，この場合でも，法律家は，法に反して依頼者の利益を実現すること
は許されない。法律家の公共的使命は，法へと一義化されている正義の実現で
あり，その中核価値は，あくまでも「〈正義 justice〉という公共価値」だから
である。

2　社会観の選択

(1)　法律家としての責務

　前記1(1)のとおり，法が一義化された正義であるとすれば，「租税に関する
法令に規定された納税義務の適正な実現」（税理士法1条1項）とは，税法に実
定化されている正義の実現に他ならない。「税理士は法律家である」とは，税
理士が，租税正義の担い手として，その実現に寄与する責務を負うことを意味
している。

　Ⅰで見た2つの税理士観は，この責務の内容についての異なる理解を反映し
たものである。

(2)　第1説

　第1説によれば，税理士の責務は，租税正義を主体的に判断し，それを実現
することである。実現されるべき納税義務の内容は，課税要件の充足によって
自動的に定まり，そこに納税者の意思が介入する余地はない。したがって，依
頼者の意思の実現や自己決定に奉仕することは，税理士の本来の職務ではない。
ゆえに，税務代理においても，税理士は，自らが正しいと信ずる主張をすれば
足り，依頼者の意思に拘束されることはない。ここでは，たとえ依頼者の決定
に影響を及ぼし得る情報であっても，それが依頼者を不正な動機に近づけるな
らば，税理士は，租税正義の実現のため，その情報を依頼者から遮断する。こ
うして，税理士は，税務当局の過誤から納税者を庇護する保護者であるととも
に，納税者を不正から遠ざけるゲートキーパーとして機能する。

(3)　第2説

　これに対し，第2説によれば，税法解釈の主体は，納税者たる国民，そして，
国民から権限を与えられた政府の二者であり，この二者による法解釈・法適用

の積み重ねによって，税法における正義は実現される。

このような社会では，納税者は，自らの責任において税法を解釈し，納税義務を履行する。そのためには，1人1人の納税者が税法を自在に利用できる環境が必要である。しかし，多くの納税者は，税法の専門家ではない。そこで，依頼者を支援する税法の専門家が必要となる。この場合，税法の専門家は，あくまでも依頼者の支援者であり，最終的な決定の権限と責任は，1人1人の納税者に帰属する。「申告納税制度の理念」とは，このような納税者の主体性を尊重する理念であり，税理士制度は，この理念に沿って運用されるべきである，という思想が，第2説の基底にはある。

(4) 日本国憲法の選択

このように，両説の選択は，突き詰めれば，税理士活動の舞台となるこの社会がどのような理念に基づいて運営されている（べき）か，という社会観の選択に他ならない。

たしかに，第1説が述べるとおり，国民は，適正な納税義務を履行しなければならない。そのために，納税者は，税理士に税務を依頼する。したがって，多くの納税者は，適正な納税義務の履行さえ実現できるならば，その過程で自ら税法を解釈することなど期待していない。これが依頼者心理の現実であるとするならば，租税正義の解釈を税理士に委ねる第1説は，国民に無用な負担を押し付けることなく効率的に租税正義の実現を目指すものとして，一見，魅力的に映る。

しかし，租税法律主義が税負担者の同意と予測可能性の保障を含意するとき，[30] そこでは，自ら租税法規の意味を解釈して課税に同意し，経済的行動を選択する納税者の存在が予定されている。このような納税者観は，国民の一般的な行動の自由を保障する。日本国憲法下の法秩序とも調和的である。[31] そして，これと整合しやすいのは，第2説の税理士観であると思われる。

もちろん，人は，自ら決定するコストや判断を誤るリスクを回避するために，あえて第三者に決定を委ねることがある。その意味で，人は常に自主的選択を望んでいるわけではない。[32] しかし，第三者に選択を委ねる便益がどれほど大きなものであったとしても，近代的法秩序を支えているのは，自由で自律的な人

間観である。

　このような自律の秩序に対しては，自己決定が困難な人々を法の世界から排除してきた，との批判もある[33]。しかし，自己決定が困難に見える依頼者でも，時間をかけて対話を繰り返す中で，提案を吟味し，選択していくことができるのを，実務上，少なからず経験する。むしろ，完全な自己決定ができるかに見える者でさえ，多くの外的要因に制約され，第三者の介入を受けながら，最善とは限らない選択をして生きているのが実態ではないだろうか[34]。それでも，その人の決定を，その人生の主体による決定として（特段の事情がない限り）尊重するのが，近代法の基本思想であると思われる。そうであるならば，法律家が忠誠を捧げるべき法秩序もまたそのようなものであるべきだ，というのが，現段階での報告者の考えである[35]。

3　自律の秩序における税理士倫理の構造

　以上の理解によれば，税理士の職業倫理は，依頼者の利益の実現に当たり，依頼者の意思をできる限り尊重して，忠実な助言と代理を行うことを要求する。

　と同時に，それは租税正義の実現に向けられた職業倫理であるから，税理士が不正に依頼者の利益を図ることは許されない。結局，税理士の職業倫理は，法に反しない範囲で依頼者の利益を図ることを要求しており[36]，何を利益とするかの判断に当たっては，依頼者の選択を尊重するよう求めているものと解される。

　したがって，依頼者が不正への加担を求めるとき，税理士は，漫然と依頼者の意思に従って法を侵すことはもちろん，自らの良心に従って依頼者を裏切ること（例えば，依頼者の不利益を「断乎実行する」こと[37]）も許されない。このとき，税理士は，法令の遵守を求めて依頼者と対話をしなければならず，対話の結果，依頼者と方針を共有できないときは，事情を説明して辞任することになる。

　実定法上も，依頼者に対する誠実を欠く行動は，信用失墜行為（税理士法37条）として懲戒事由となり（同法46条）[38]，法を逸脱した行動は，脱税相談等の禁止（税理士法36条），信用失墜行為の禁止（同法37条），隠蔽・仮装行為の是正助言義務（同法41条の3）等の諸規定への違反として懲戒事由となる。

このように，税理士法は，その違反をいずれも懲戒権の発動に結び付けることによって，税理士の依頼者への忠誠と法に対する忠誠をともに保障していると読むことができる。[39]

この場合，税理士法1条1項に「独立した公正な立場」とあるのは，納税者にも税務当局にも偏しない不偏不党の地位を宣言したものではない。法律家の職責は，法・正義への忠誠を保持しつつ依頼者の権利実現を目指すことである。この責務を果たすためには，権力や第三者に従属して依頼者の利益を損なうことも，依頼者に従属して法を侵すことも許されない。税理士法は，そのような地位を表すものとして，税理士の「独立した公正な立場」を規定しているものと解される。

V　税理士は納税者の弁護士か？

第2説の主唱者は，さらに進んで，税理士を租税問題の弁護士（tax attorney）とみる。どう考えるべきか。

1　弁護士へのあてはめ

先に見た法律家の一般倫理に従い，弁護士は，依頼者に対して忠実な助言者・代理人である義務を負う（弁護士法1条2項，弁護士職務基本規程〔以下「規程」という〕5条）。この義務は，実定規範の上でも，依頼者の正当な利益の実現（規程21条），依頼者の意思の尊重（規程22条），事件処理の報告及び協議（規程36条）等の諸義務となって現れる。

これらの諸義務への違反は，会則違反，信用を害し，品位を失うべき非行として，懲戒処分の対象となる（弁護士法56条1項）。

それと同時に，弁護士の諸活動は，それが社会正義の実現に向けられていることから，法・正義に反する方法で依頼者の利益を実現してはならない，という制約を受ける。[40] その現れとして，弁護士には，真実の尊重及び公正な職務の追行（規程5条），違法行為の助長禁止（規程14条），不当事件の受任禁止（規程31条），偽証の唆しの禁止（規程75条），違法行為の阻止（日弁連会則11条）等の諸義務が課されている。これらの諸義務に違反した場合にも，当然，懲戒権

が発動される（弁護士法 56 条 1 項）。

こうして，弁護士は，その資格の内に，依頼者に対する誠実と正義に対する忠誠をともに保障する仕組を組み込んでいる。「依頼者を裏切ることによってではなく，裏切らないことによって社会正義を実現する[41]」という弁護士の職責は，依頼者への裏切りと正義に反する行為がどちらも資格剥奪を含む懲戒処分に結び付けられているという実定法の仕組によって担保されている。

このように，弁護士もまた，法・正義への忠誠を保持しつつ，誠実に依頼者の利益を追求できるよう，「職務の自由と独立を重んじる」（規程 2 条）ことが求められている。

2 第 1 説の指摘

このように，税理士と弁護士は，法律家としての基本的な責任と倫理を同じくする。

そこで，第 2 説の主唱者は，税理士を，納税者の諸権利の擁護者，課税庁と対峙する法律家と位置付け，ただ会計的素養の有無という点で弁護士と異なるに過ぎないと説くのである[42]。

これに対し，第 1 説は，弁護士が司法制度のプレイヤーであり，税理士が行政分野のプレイヤーである点に，両専門職の職責の相違を見出してきた[43]。客観的に定まる納税義務の内容を適正に履行させるという税理士の責務は，当事者対立構造の中，論争によって正義の探求・実現を目指す弁護士の責務とは異質である，というのである[44]。

Ⅳで見たとおり，本報告は，第 1 説には与しない。しかし，法律家の職務がいずれも法の解釈・執行という公権力の作用に関与することに着目し，関与する公権力の性質に応じて責務に相違があることを指摘する点で，第 1 説は正当である。

3 弁護士倫理の特徴

正義の実現を目指す公権力の中でも，司法権の役割は，紛争を契機として法の意味を探り，法の適用を通じて紛争解決・法秩序維持を図ることにある[46]。こ

の正義の探求・実現のプロセス（＝裁判）が公正に行われることで，法は社会に定着する。

　裁判官・検察官・弁護士は，この作用を通じて社会に正義を提供する[47]。裁判は，「当事者がそれぞれ自己の権利・義務をめぐって理を尽くして真剣に争うということを前提に，公平な裁判所がそれに依拠して行う法原理的決定[48]」である。この制度の中で，弁護士は，「紛争の渦中にあり敵味方に分かれたところで戦う依頼者に忠実な代理人[49]」となって，間接的に，正義の実現に寄与をする。

　この仕組の中で，弁護士がその役割を果たすためには，「弁護士は裏切らない」という依頼者の信頼が不可欠である[50]。ここから，弁護士の倫理は，当事者対立構造を前提とする特殊な規範となって現れる[51]。

　例えば，弁護士は，一定の類型に該当する利益相反事件について，関係者全員の同意があったとしても絶対にこれを取り扱うことが許されず（弁護士法25条，規程27条），弁護士の自治規範は，さらにいくつかの類型の事件について，その取扱いを原則的に禁止する（規程28条）。また，依頼者・弁護士間の秘密保持は，間接的・当事者主義的な正義実現手段の制度的保障と理解されている[52]。それは，国家機関や第三者との関係では秘密保持の権利として構成され（弁護士法23条[53]），秘密漏示罪（刑法134条1項），証言拒絶権（刑事訴訟法149条，民事訴訟法197条1項2号，議院証言法4条2項），押収拒否権（刑事訴訟法105条）等の諸規定によって担保される[54]。

4　税理士の場合

　これに対し，税理士は，税務申告を中心に，行政権の作用に関与する。例えば，納税すべき税額の確定は，申告納税方式においては納税者の申告によるのを原則とし（国税通則法16条1項1号），納税者の申告は，税務当局による更正の処分がない限り，そのまま公法上の債権債務関係を確定する。

　そこでは，申告・納付によって適正な納税義務の内容が実現されることが健全な状態として予定されており，論争と裁定による正義の探求は，本質的なものとしては期待されていない。統計上も，平成27年度の法人税の申告件数は282万5000件であるのに対し，実地調査件数は約9万4000件であり，その調

査率は，約3.3%である[55]。そこでは，現実にも，訴訟におけるような当事者対立構造は機能していない[56]。

このような作用に関与するために，税理士の業務には，「納税者の正しい利益を守るとともに税務行政の妥当な運営を期する[57]」ことが求められ，その業務は，税務行政の責任者である財務大臣の監督を受ける（税理士法45条，46条等）。同じ理由から，税理士法は，「税理士業務の適正な運営を確保する」（税理士法55条1項）役割を，税務当局にも課している[58]。

税理士業務の性質はこのようなものであるから，これを取り扱うときは，弁護士も，税務行政の作用に関与する者として，税理士と同じ規範に服すべきである。ゆえに，税理士業務を取り扱う弁護士は，税理士登録をするか（税理士法18条）又は国税局長への通知をすることで（同法51条），税理士法の適用を受けるのである。

5　小　括

以上のとおり，税理士は「租税問題の法律家・弁護士である[59]」という命題は，正しいものを含んでいるが，現行制度の説明としてはやや一面的である。

税理士と弁護士は，依頼者による法の利用を支援し，それを通じて社会正義の実現に寄与するという基本的職責を同じくするが，その一方で，税務行政と司法権という2つの公権力の性質に由来して，相異なる職責も負っている。

このような整理は，税理士と弁護士の諸規範の相違，特に，利益相反規制や守秘義務の内容・程度，監督権の所在といった現行制度上の相違を，相当程度まで正当化し得るものと思われる[60]。

Ⅵ　展望と課題

すでに見たとおり，税理士と弁護士は，職責の基礎を同じくし，かつ，その職域を一部重なり合わせながら，互いに異なる社会的役割も負っている。両専門職の規範を相互に参照し，異同を論ずることは，今後，両専門職の職責・倫理の特質を明らかにしていく上で，有益であると思われる。そこで，以下，弁護士倫理との比較から，報告者が考える税理士倫理の展望と課題を述べる。

1 行為規範の分析と実定化

税理士と弁護士の職責の違いが役割の相違に由来するならば，同じ税理士でも，職務内容に応じて規範の変化があってよい。例えば，米国では，訴訟業務と相談業務，交渉業務で弁護士の行為規範に差異があり得ることが指摘されており[61]，実定規範の上でも，税務代理人や仲裁人・調停人として当事者を支援する弁護士は，特別のルールに服している[62]。

日本でも，税務に携わる弁護士は税理士法の適用を受けるし（税理士法51条2項等），他業種をみれば，登記と裁判に携わる司法書士の倫理に関して，同様の指摘がある[63]。

そうすると，税理士も，相談・申告・調査・交渉・争訟の各段階で，別種の（あるいは，濃淡のある）規範に服すべきなのかも知れない[64]。

この仮説によるならば，いかなる場合にいかなる規範が適用されるのか，コンセンサスの形成が急務である。税理士法は，税務専門職の倫理と能力を担保する行為規範であり，懲戒規範である。「税理士は，いかなる場面でいかなる義務を負うのか」を実定化しておくことが，税理士にとっても，ユーザーである国民にとっても望ましい[65]。

2 利益相反の規制は十分か？

1に関連して，税理士の役割を弁護士の役割に近づけて理解するのが適切な場面では，利益相反に関する規制の在り方が問題となる。

これまでも，第2説の論者は，「税理士の使命が問われるようないわば限界状況では，結局，課税庁の立場と納税者の立場との二つしか存在しない[66]」と述べてきた。しかし，一言で「納税者の立場」といっても，その利害は一様ではない。

例えば，T1税理士は，長年，建築会社A社の顧問税理士であり，5年前からA社の法人税・消費税の確定申告を代理していたとする。A社は，毎事業年度にBに対して支払う金1080万円のうち，1000万円を請負報酬，80万円を消費税として扱い，仕入税額控除（消費税法30条1項）を受けていた。ある日，T1税理士と同じ事務所のT2税理士は，Bと知り合い，Bから税務相談を受

けた。話を聞いてみると，Bが建築会社Aから毎年受給している1080万円は，実質的にみて給与の可能性があった。そこで，T2は，過去にBが消費税として申告納付してきた金員の還付を受けるため，Bの委嘱を受けて更正の請求を代理した。後日，Bの更正の請求に対して更正すべき理由がない旨の通知が届いたので，T2は，Bの委嘱を受けて審査請求手続を代理することとした。T2の行為に問題はないか。

　紙幅の都合上，結論だけを述べる。もし，T1，T2が弁護士であれば，利益相反の問題を生じ，T2は原則としてBの委嘱を受けられない（規程28条3号，57条）。誤ってT2がBの委嘱を受けてしまった場合，原則としてT1もT2もAとBの職務を取り扱ってはならず，両方の依頼者から辞任する結末が予想される[67]。

　たしかに，税理士法は，24条2号，43条により，一定の公職との兼任を禁止し，利益相反状況が生じる事態を制度的に回避している[68]。しかし，それはあくまでも税務当局との利益相反であって，納税者間の利益相反について党派性を保ち得る構造にはなっていない。

　その原因は，おそらく，税理士の事務が主として対行政庁における事務だからであろう。たしかに，弁護士法25条1号・2号に定めるような対立関係は，通常，税務当局と納税者の間にしか生じない。しかし，本当に納税者間に利益相反は存しないのか。税理士の職務の特質上，そのような問題はおよそ想定されないのであればよいが，そうでないのであれば，規制が必要である。

3　懲戒・監督権の所在

　次に，税理士の懲戒・監督権である。依頼者に対する忠誠を職務の本質と考えるならば，監督権者は，税理士に対し，依頼者に忠誠を尽くすよう指導することになる。

　現在の監督権者である財務大臣（税理士法45条，46条）は，国税当局を外局に含む財務省の主任の大臣である。その財務大臣が，税務当局と納税者が相争う税務争訟のような場面において，税理士に対し，納税者に忠誠を尽くすよう指導監督する仕組に合理性があるか[69]。

158

一方に，財務大臣が監督権を持てば，税理士の活動を萎縮させるという理解がある[70]。これによると，より効果的に制度を機能させるため，懲戒・監督権を税理士会に移管すべきことになる[71]。

他方で，自治組織による監督は，馴れ合いやかばい合いの弊害も懸念される。さらに，制度運営に割く人的資源，費用等，多大なコストを考えれば，当局による監督のほうがかえって効率的で実効的という考え方もあり得る[72]。

いずれにしても，監督権の所在が現行諸制度に及ぼしている影響についての調査・研究は，十分でない[73]。今後，この議論を進めるに当たっては，上記の点に関する調査・研究が不可欠である。

4 倫理規範の統合

前記1ないし3は，結局，弁護士倫理と税理士倫理の統合を進めるべきかという問題でもある。そこには，弁護士と税理士が実質的に同じ役割を担う場合，倫理規範が統合されていなければ，どちらに依頼するかによってユーザーに不公平が生じかねない，という問題意識がある[74]。

無論，倫理規範は統合せず，依頼者の選択にまかせるという制度設計もある。これは，国民の選択肢を増やし，業種間競争を促進することが国民の利益に適うという発想であるが，ユーザーが両専門職の専門性と倫理規範の違いを理解していなければ，かえって国民の権利・利益を損なう懸念もある[75]。弁護士会・税理士会の広報活動，広告ルールの整備によって，両専門職の異同を国民に説明できるかが，この選択肢をとる場合の課題となる。

報告者自身は，両専門職の役割が重複する範囲で倫理規範の統合を進めるべきと考える。弁護士法・税理士法は，依頼者の保護と正義の保障を目的とする公法規範として存在する。その根底には，専門職倫理は市場原理のみでは十分供給されないという認識がある。専門職倫理の問題を市場の選択に委ねることは，不可能とはいえないにしても，大きな困難を伴うものと思われる。今後は，税理士会・弁護士会を中心に，両専門職の職責が共通する場面，相違する場面を線引きし，前者の規範については，漸次，統合していくことが望ましい。

結びにかえて

　以上のとおり，「税理士は，依頼者の忠実な助言者・代理人である」という命題は，国民の自由と自律を基調とする法秩序の下では，ひとまず正当なものと評価できる。本報告では，それを前提として，弁護士と税理士の倫理には相違があり，現行制度上の差異は概ね正当化できることも論じた。とはいえ，2つの倫理は，法律家倫理としての本質を同じくする。今後は，両専門職の規範を相互参照しながら，職責が共通する部分について，規範を統合していくことも必要となるであろう。本報告では，そのときの課題も一部取り上げた。いずれも古典的論点であるが，諸問題が持つ税理士倫理上の意義について，多少なりとも新しい視角から分析できたのではないかと考える。

注
1)　賛成するものとして，北野弘久『税法学原論（第6版）』（青林書院，2007年）462-470頁，浪花健三「税理士法の課題」税法学566号295頁，300頁（2011年），高橋祐介「申告書の作成と専門職責任」税法学566号223頁，237-238頁（2011年）等。反対するものとして，松沢智『税理士の職務と責任（三訂版）』（中央経済社，1995年）56-72頁，山下学編著『税理士の使命』（清文社，2009年）3-7頁〔山下学〕等。日本税理士会連合会編『新税理士法（四訂版）』（税務経理協会，2015年）57頁，新井隆一「税理士制度の基本理念」日税研論集24号3頁，12頁（1993年）等の記述も，後者に分類できる。
2)　北野弘久「申告納税制度の意義と税理士の使命」同『税理士制度の研究（増補版）』（税務経理協会，1997年）359頁（初出1985年），同「納税者基本権と税理士の課題」同書96頁（初出1992年），松沢・前掲注(1)68-72頁，山下（学）・前掲注(1)6-7頁〔山下学〕等参照。
3)　松沢・前掲注(1)57頁，75頁，山下編著・前掲注(1)3-7頁〔山下学〕，日本税理士会連合会編・前掲注(1)57頁等参照。
4)　松沢・前掲注(1)は，「税理士制度は申告納税制度それ自体の円滑な運営を図るという公益的な立場に位置づけられる」（74-75頁）とし，税理士に「納税者をして適正な納税義務を実現させる法律家としての地位」（79頁）を認める。
5)　北野・前掲注(1)470頁。
6)　同上467頁。
7)　同上468頁。
8)　日本税理士会連合会編・前掲注(1)5頁，北野弘久「税理士制度の生成と展開」同『税理士制度の研究（増補版）』（税務経理協会，1997年）27頁，28-29頁（初出1970年）等参照。

9) 大蔵省主税局編『シャウプ使節団日本税制第二次報告書』（日本租税研究協会，1950年）75 頁参照。

10) 同上 76 頁参照。

11) 日本税理士会連合会編・前掲注(1)6-7 頁参照。

12) 同上 59 頁参照。

13) 松沢・前掲注(1)39 頁。

14) 同上 39 頁。

15) 北野弘久「現行税理士法における税務代理の性格と問題」同『税理士制度の研究（増補版）』（税務経理協会，1997 年）3 頁，10-12 頁参照（初出 1963 年）。

16) 同上 7 頁

17) 同上 13-14 頁参照。

18) 北野・前掲注(1)468 頁。

19) 森際康友「正義と法」法律論叢 89 巻 4・5 号 311 頁，323-325 頁（2017 年）参照。

20) 本報告では，弁護士，税理士等の国家資格に基づいて業務を行う法律実務家を念頭に置いている。法律家概念の整理については，ダニエル・H・フット「法律家の役割」大村敦志編『法の変動の担い手』（岩波書店，2015 年）27 頁，37-39 頁参照。

21) スティーヴン・L．ペパー（住吉博訳）「道徳を超えたところにある法律家の倫理的役割」同（住吉博編訳）『道徳を超えたところにある法律家の役割』（中央大学出版部，2000年）111 頁，119 頁参照。

22) 同上 116-117 頁参照。

23) 同上 116-117 頁参照。

24) 例えば弁護士について，森際康友編『法曹の倫理（第 2.1 版）』（名古屋大学出版会，2015 年）6 頁〔森際康友〕参照。

25) 森際・前掲注⒆311 頁。

26) 松沢・前掲注(1)39 頁参照。

27) 新井・前掲注(1)6 頁参照。

28) 松沢・前掲注(1)39 頁参照。新井・前掲注(1)12 頁は，このような税理士のポジションを「なにびとによっても拘束されることのない立場」と表現する。

29) 松沢・前掲注(1)70 頁，84 頁参照。

30) 金子宏『租税法（第 22 版）』（弘文堂，2017 年）75 頁。

31) 例えば，長谷部恭男『憲法（第 6 版）』（新世社，2014 年）144-145 頁参照。

32) キャス・サンスティーン（伊達尚美訳）『選択しないという選択』（勁草書房，2017 年）13-18 頁参照。

33) 例えば，宇佐美誠「弁護士倫理論序説―中立的党派性批判―」中京法学 37 巻 1・2 号 47 頁，81-82 頁参照（2002 年）。

34) そのような介入が避けられないからこそ，法律家は，依頼者に対して忠実でなければならず，その信頼を裏切って自分が求める価値を優先することは許されない，とも言える。

35) もちろん，憲法は，自己決定が真に困難な状況にある人々の存在を否定しているわけではない。しかし，それは，第一に親権や後見等の諸制度によって対応すべき問題である。

例えば，委任途中で依頼者が死亡ないし意思無能力に陥ったとき，法律家が依頼者に代わって決定を下すべき場面がないとはいえないが（民事訴訟法 124 条 2 項参照），本来は，相続人の確定ないし成年後見人の選任を待ち，これらと協議しながら活動を継続すべきであろう。法律家は，あくまでも依頼者の支援者であり，依頼者になり代わって価値の選択を行うのではない。

36) 米国における tax lawyer 及び日本の税理士の職業倫理をそのように整理するものとして，高橋・前掲注(1) 237-238 頁がある。同旨を述べる下級審裁判例として，東京高判平成 7 年 6 月 19 日判時 1540 号 48 頁，51 頁，大阪高判平成 10 年 3 月 13 日判時 1654 号 54 頁，58 頁等参照。

37) 松沢・前掲注(1) 39 頁。

38) 同旨，北野弘久「税理士業務と税理士の責任」同『税理士制度の研究（増補版）』（税務経理協会，1997 年）82 頁，91 頁（初出 1992 年）。「税理士・税理士法人に対する懲戒処分等の考え方」（平成 20 年 3 月 31 日財務省告示第 104 号）も，「業務け怠」を懲戒事由とする。

39) これに対し，首藤重幸「税理士の責任—民事上・行政上・刑事上—」日税研論集 24 号 121 頁，137 頁（1993 年）は，税理士の懲戒制度は，直接的には納税者の救済という観点から設けられていない，とする。

　　もっとも，私法秩序の中にも憲法的諸価値を保障する仕組みが埋め込まれていると考えるならば（例えば，山本敬三「現代社会におけるリベラリズムと私的自治（1）（2・完）」法学論叢 133 巻 4 号 1 頁（1993 年），5 号 1 頁（1993 年）参照），私法にしか義務の根拠がないことをもって専門職倫理の本質でないとはいえないように思われる。この問題は，公法と私法の関係という難問にかかわるので，本報告では，これ以上論及しない。

40) 森際編・前掲注（24）6 頁〔森際康友〕。加藤新太郎『弁護士役割論（新版）』（弘文堂，2000 年）6 頁も，ほぼ同旨か。

41) 森際康友「依頼者・弁護士関係における弁護士倫理が要請するもの」法社会学 70 号 169 頁，174 頁（2009 年）。

42) 北野・前掲注(1) 468-470 頁参照。浪花健三「『税務に関する専門家』に係る一考察」水野武夫先生古稀記念論文集『行政と国民の権利』（法律文化社，2011 年）823 頁も，「『税法と税務会計』における専門的能力を必要とする国家資格である」（826 頁）点に税理士資格の特徴を見出す。

43) 松沢・前掲注(1) 64-67 頁，323-328 頁，山下編著・前掲注(1) 2 頁〔山下学〕参照。日本税理士会連合会編・前掲注(1) 176 頁も，税理士制度を行政の分野に位置づける。

44) したがって，第 1 説を徹底すれば，論争を通じた正義探求は，もっぱら弁論主義の適用を受ける税務訴訟の中で実現されるべきであり，その担い手は，（租税債権者たる国又は公共団体を除けば）納税者と弁護士の二者である，ということになる。

45) このような観点から法律家の社会的役割を捉えたものとして，森際・前掲注(19) 323-325 頁がある。

46) 佐藤幸治『憲法（第三版）』（青林書院，1995 年）291-292 頁参照。

47) 森際編・前掲注（24）3 頁参照〔森際康友〕。

48) 佐藤・前掲注（46）295 頁。

49) 森際編・前掲注（24）6頁〔森際康友〕。

50) 同上6頁〔森際康友〕参照。

51) W・ブラッドレイ・ウェンデル（浅香吉幹訳）「アメリカの弁護士の中心的価値の多元構造」アメリカ法2007-1号21頁，27頁（2007年）は，訴訟の局面に限定してこのような規範の性格を認める。

52) 森際編・前掲注（24）40頁〔尾関栄作＝松本篤周〕，森際康友「弁護士倫理の中核価値」アメリカ法2007-1号55頁，59頁（2007年）参照。

53) 森際編・前掲注（24）40頁〔尾関栄作＝松本篤周〕参照。

54) 同上41-42頁，45-50頁〔尾関栄作＝松本篤周〕は，①これらの諸規定が弁護士以外の専門職にも適用されること，②これらの諸規定が旧弁護士法制定時の議論よりも以前から存在すること，③これらの諸規定によって保護される情報の主体が依頼者に限定されていないことなどから，これらをプライバシー保護規定と位置づけ，弁護士の守秘義務とは異質の配慮に基づくものとする（塚原英治＝宮川光治＝宮澤節夫『プロブレムブック法曹の倫理と責任（第2版）』（現代人文社，2007年）109頁〔塚原英治〕も参照）。

　　しかし，森際編・前掲注（24）41頁〔尾関栄作＝松本篤周〕も認めるように，これらの規定が弁護士の守秘義務を担保するものとして機能しているのも事実である。守秘義務の意義が定着していない時代であればこそ，守秘義務とプライバシー保護は「社会生活上特別の意義を有するそれらの業務およびこれに秘密を託する者の信頼を保護しようとするもの」（松尾浩也監修『条解刑事訴訟法（第4版）』（弘文堂，2016年）265頁）として一括され，保護法益が未分化のまま，同一の条文で保護されてきたとは考えられないか。刑法学及び刑事訴訟法学の通説は，各規定に職業への信頼の保護を読み込んでいる（西田典之＝山口厚＝佐伯仁志編『注釈刑法（第2巻）』（有斐閣，2016年）314頁〔樋口亮介〕，松尾浩也『刑事訴訟法（上）（新版）』（弘文堂，1999年）252頁，酒巻匡『刑事訴訟法』（有斐閣，2015年）411頁等参照）。

55) 国税庁「平成27事務年度　法人税等の申告（課税）事績の概要」（https://www.nta.go.jp/kohyo/press/press/2016/hojin_shinkoku/hojin_shinkoku.pdf）〔2017年3月8日最終確認〕，同「平成27事務年度　法人税等の調査事績の概要」（http://www.nta.go.jp/kohyo/press/press/2016/hojin_chosa/pdf/hojin_chosa.pdf）〔2017年3月8日最終確認〕参照。

56) ABAの公式意見は，税務申告を対審構造的に理解するが，本文のような「調査くじ」現象を前提に，米国でも対審構造的理解を徹底することのリスクが指摘されている。髙橋・前掲注(1)227頁，カミーラ・E・ワトソン（大柳久幸ほか訳）『アメリカ税務手続法』（大蔵財務協会，2013年）49-53頁参照。

　　本文の理解に対し，第2説を徹底するならば，税務当局の調査率を向上させる等の方法によって税務行政過程における対審構造を実質化させることこそが本来の解決策だ，ということにもなり得よう。

57) 東京高判昭和40年4月12日判時445号54頁，56頁。

58) 具体例として，税理士は，業務に関する帳簿を作成・保存する義務を負い（税理士法41条），この帳簿について国税庁長官の検査に応諾する義務を負う（税理士法55条1項）。

59) 北野・前掲注(1)頁468頁。

60) 本文は，現行制度の合理性を肯定する記述である。これに対し，第2説を徹底すれば，弁護士制度的な税理士制度こそが理想であり，現行制度は，利益相反規制や自治権の不存在といった点で不徹底であるとして，批判の対象となる。

61) ウェンデル（浅香訳）前掲注（51）27-29頁参照。

62) 税務代理人につき，髙橋・前掲注(1)228-236頁，ワトソン（大柳ほか訳）前掲注（56）35-69頁，調停人・仲裁人につき，藤倉康一郎監修『【完全対訳】ABA法律家職務模範規則』（第一法規，2006年）164-165頁参照。

63) 森際康友「司法書士倫理の原理と特質」月刊司法書士2007年9月号6頁（2007年）参照。

64) もっとも，「具体的に分析してみれば，事態はそのような截然とした区別を容易には許さない」。森際・前掲注（63）12頁。

65) 一例として，税務争訟の場面では，税理士の役割を弁護士の役割に近づけて理解することに合理性がある。論争を通じて正義を探求・実現する機能は，訴訟において最も純粋な形で現れるけれども，行政過程における争訟手続にも同じ役割が期待できるからである。

　　この点，税法学者の金子宏は，国税不服審判所の審査請求手続について，「できるだけ訴訟手続に準じたものであるべき」とする。そして，手続の改革が行われたあかつきには，実質的証拠法則を採用し，税務訴訟（第一審）の事物管轄を高等裁判所とすることを提案する（金子宏「ルール・オブ・ローと租税法」同『租税法理論の形成と解明（上）』〔有斐閣，2010年〕117頁，126-127頁〔初出2008年〕参照）。立法論の賛否はあり得るとしても，審査請求手続の司法手続化が税の分野における「法の支配」を推進する，という理解が，金子の議論を通底していることは疑いない。

　　次に，行政不服審査法は，平成26年6月の改正により，審査請求人と処分庁等が対峙する審理構造を導入した（宇賀克也『行政不服審査法の逐条解説（第2版）』〔有斐閣，2017年〕1-9頁参照）。これを受けて，平成26年6月に国税通則法も改正され，審判官の除斥事由（国税通則法94条②），処分庁への発問権（同法95条の2②）等の規定が創設されている。

　　このように，行政過程における争訟制度には，裁判制度の補完的役割が期待されている。特に，審査請求前置主義をとる税務争訟においては，制度上の連続性もあり（国税通則法115条），これらは，裁判を中心とした一連の正義探求システムとして機能しているのではないか。

　　法哲学者の井上達夫も，「行政機関や民間組織による相談・苦情処理・斡旋・調停・仲裁・裁定などの裁判外手続」に，「社会的実力において格差のある紛争当事者に，対等の資格で十分に主張・立証する機会を保障するという，司法的紛争解決手続の基本理念」を要求する（井上達夫「司法的人権保障の現代的課題」同『法という企て』（東京大学出版会，2003年）169頁，178-179頁〔初出1991年〕参照）。

　　税務訴訟に取り組む弁護士が少ないという現実（岡田正則「税理士と税務行政争訟」日税研論集24号165頁，172頁（1993年）参照）もふまえると，この分野において税理士に弁護士的役割を期待する意義は小さくないものと思われる。

66) 北野・前掲注（38）86-87頁。北野・前掲注(1)470頁，北野弘久「税理士法改正問題の

検討」同『税理士制度の研究（増補版）』（税務経理協会，1997 年）48 頁（初出 1978 年）50-51 頁も同旨。

67) 不利益事項の説明（規程 32 条），受任後の利害対立（規程 42 条），秘密の保持（規程 23 条）等の諸規定も参照されたい。

68) 日本税理士会連合会編・前掲注(1) 126-127 頁参照。

69) 特に，実際の監督事務を担当する行政官の属性を考慮したとき，国民をして職務の公正さに疑いを生じる余地がないか，検討の余地はあろう。

70) 例えば，弁護士自治の意義について，兼子一（竹下守夫補訂）『裁判法（第 4 版）』（有斐閣，1999 年）372 頁，日弁連調査室編著『条解弁護士法（第 4 版）』（弘文堂，2007 年）315 頁，司法研修所編『刑事弁護実務（平成 23 年版）』（日本弁護士連合会，2014 年）7 頁参照。

71) 岡田・前掲注（65）172-175 頁，北野・前掲注(1) 463-466 頁等参照。

72) 米国で連邦税実務に携わる場合，弁護士は，内国歳入庁に置かれている専門職責任局（Office of Professional Responsibility）の監督を受ける。髙橋・前掲注(1) 231 頁，ワトソン（大柳ほか訳）前掲注（56）55-62 頁参照。

73) 須網隆夫「日本における法律サービス市場の現状と弁護士倫理・弁護士会の役割」法曹倫理国際シンポジウム 2015『弁護士倫理と弁護士会〔資料集〕』29 頁，33 頁（2015 年）参照。

74) 須網・前掲注（73）33-34 頁参照。

75) 須網・前掲注（73）33 頁参照。

英国における高額所得者課税の課題と改革
——英国のマーリーズ報告書による所得課税改革——

一　由　俊　三
（税理士）

I　はじめに

　英国の財政研究協会（Institute for Fiscal Studies；以下，IFS と略す）は，2011年9月13日にジェームズ・マーリーズ（James Mirrlees）教授を中心とするメンバーによりまとめられた『税の設計書』（*Tax by Design*）を公表した。この報告書に先行して，2010年4月に IFS は『税制設計の特性』（*Dimensions of Tax Design*）を公刊しているが，こちらが一連の論文集であるのに対し，『税の設計書』は同一メンバーによる英国の税制改革に対する総合的報告書となっている。これら2冊の書は『マーリーズ・レビュー』（*Mirrlees Review*；以下，「マーリーズ報告書」という）と呼ばれている。

　ジェームス・マーリーズ教授は，米国の経済学者ウイリアム・ヴィックリー（William Vickrey）教授と共に1996年にノーベル経済学賞を受賞している。IFSは，同様にノーベル経済学賞を受賞したジェームズ・ミード（James Meade）教授を中心としてまとめられた報告書『直接課税の構造と改革』（*The Structure and Reform of Direct Taxation*；以下，「ミード報告書」という）を1978年に公表しているが，「マーリーズ報告書」はその足跡を引き継ぐ後継報告書として位置付けられている。いずれも英国政府に対する英国税制改革の提言書であるが，「ミード報告書」が過去30年間世界に与えてきた影響を考えると，「マーリーズ報告書」も世界の税制改革に対する重要な文献である。

　『税の設計書』の第3章，第4章及び第5章が，労働収益課税を中心に論述された所得課税に係る提言書である。第3章「労働所得課税」（The Taxation of Labour Earnings）では，労働収益課税制度を経済学的視点から分析し，第4章

「英国における収益課税制度の改革」（Reforming the Taxation of Earnings in the UK）と第5章「個人所得課税と社会給付制度の統合」（Integrating Personal Taxes and Benefits）では，発表時点における英国の具体的所得課税制度改革について論じている。『税の設計書』では，全20章のうち第13章と第14章で貯蓄課税制度について，第17章から第19章において法人所得課税制度について論じており，ほぼ半分を所得課税制度について割いている。課税制度全体において所得課税に重きを置く姿勢がうかがえる。

　所得課税制度は，個人所得課税と法人所得課税に区分することができる。本稿では，個人所得課税を所得再分配機能の観点から「低額所得者課税制度」とそれ以外の「高額所得者課税制度」に分け，特に高額所得者課税制度の改革について論じることとする。

Ⅱ　英国の高額所得者に係る所得課税の状況

1　所得税の計算構造と所得控除

　「マーリーズ報告書」が公表された2011-12年度の英国歳入予測によると，所得税（income tax）の税収は税額控除（tax credit）による所得給付金控除前のグロス値で約1,576億ポンドであり，全歳入5,624億ポンドの28％を占め，国民保険負担金（National Insurance Contributions）の1,007億ポンド（17.9％）と合わせて45.9％とほぼ半分近くを占める。付加価値税（value added tax）が17.8％，法人税（corporation tax）の8.6％と続き，譲渡所得に課されるキャピタル・ゲイン税（capital gains tax）の0.6％，相続税（inheritance tax）の0.5％と比べると，その重要性がいかに大きいかが解かる。[1]

　英国の個人所得税は1799年1月にピット内閣により導入されたが，現在では「2003年所得税法（勤労所得と年金所得）」（Income Tax（Earnings and Pensions）Act 2003），「2005年所得税法（事業所得とその他の所得）」（Income Tax（Trading and Other Income）Act 2005）及び「2007年所得税法」（Income Tax Act 2007）の三つの法律が所得税に関する主要法令となっている。英国の所得税法は定義と適用要件のみを定め，税金の賦課自体は規定せず，賦課は毎年議会が決定する形式が採用されている。技術的には，各年の賦課は一時的な措置として課さ

表1　人的基礎控除と控除限度所得の推移

項目＼年度	2017-18	2016-17	2015-16	2014-13
人的基礎控除	£11,500	£11,000	£10,600	£10,000
控除限度所得	£123,000	£122,000	£121,200	£120,000

出所：Incme Tax, online, GOV. UK　一部筆者改訂
https://www.gov.uk/government/publications（5/3/2017access）

れるものとされるが，1842年以来，議会は毎年所得税を賦課し続けている。例えば，2013-14年度における所得税は，2013年財政法第1条第1項によって賦課される[2]。その計算構造は，我が国の所得税法における各種所得の金額の計算から税額が算出されるまでの流れと非常に類似している。8つに分類された各種所得の計算の合計[3]として総所得（total income）が計算され，ここから人的控除（personal allowances）が控除される。負担税額計算に最も重要なものが，課税最低限を規定する人的基礎控除（principal personal allowance）である。ここ数年の控除額と控除限度所得額は，表1に示されている。年度ごとに控除額が異なり，各種の境界値（thershold）が消費者物価指数を参照してインデックス化され，毎年少しずつ変更される点が英国の所得税における大きな特徴である。

　人的基礎控除は伝統的にすべての者に定額控除されるものであったが，2009年財政法により所得に応じて控除額が変動することに変更された[4]。課税所得が100,000ポンド超える場合には，人的基礎控除額は漸次減額されることとされ，その割合は100,000ポンドを超える所得2ポンド辺り1ポンドとされた。したがって，表1の各年度の控除限度所得において，控除額はゼロとなる。

2　所得税の税率構造

　所得税の適用税率及び所得区分と所得水準の関係は，表2に示されるとおりである。税率としては，所得水準に応じた基本税率（basic rate），高所得税率（higher rate），及び追加税率（additional rate）の基本3税率が設定されている。また，所得は配当所得（dividends income）とそれ以外の所得に区分され，配当所得には軽減された税率が適用される。

表2　所得の区分と水準による所得税率　2017-18

所得区分／所得水準	配当所得以外の所得		配当所得
	貯蓄所得以外の所得	貯蓄所得	
開始税率	利用不可	0%	£5,000 まで非課税
£0 ～ £33,500 基本税率	20%	20%	7.5%
£33,501 ～ £150,000 高所得税率	40%	40%	32.5%
£150,000 超 追加税率	45%	45%	38.1%

出所：Income Tax, online, Welcome to GOV. UK
https://www.gov.uk/　(5/3/2017 access)

　さらに，配当所得以外の所得のうち貯蓄所得（savings income）には貯蓄のための開始税率（starting rate for savings）が設けられ，少し異なった方式により税率適用される。貯蓄所得は我が国の利子所得に相当する[5]。なお，スコットランド在住者に適用される税率（Scottish rate of income tax）が定められるようになり，2017-18 年度において基本税率適用水準は 31,500 ポンド未満と他の英国地域（rest of UK）と異なることとなった[6]。

　配当所得は年 5,000 ポンドまで非課税であり，これを超える配当に課税される。この課税配当所得を加えた所得の水準が基本税率の水準にあれば 7.5%，追加税率の水準にあれば 38.1% の税率が課税配当所得に乗じられ，その税額が他の所得に係る税額に加算される。

　貯蓄所得は最高 5,000 ポンドまで開始税率を適用させることができ，現在，開始税率は 0 ％で非課税である。ただし，この開始税率適用基準は他の所得が増えると減額する仕組みとなっており，他の所得が 16,500 ポンド以上の場合には適用することはできない。他の所得が 16,500 ポンド未満である場合には，人的基礎控除を超える所得 1 ポンドあたり 1 ポンドの割合で適用基準額が減額される。例えば，給料 15,000 ポンドの収入がある場合，人的基礎控除 11,500 ポンドを超える金額は 3,500 ポンドであるので，開始税率適用基準は 1,500 ポンドとなる。この者は，1,500 ポンドまでの貯蓄所得には課税されない。さら

に，個人貯蓄控除（personal savings allowance）が所得水準ごとに設けられており，個人貯蓄控除を超える貯蓄所得が課税される。個人貯蓄控除額は，2017-18 年度において基本税率層 1,000 ポンド，高所得税率層 500 ポンド，追加税率層 0 ポンドである。このような仕組みにより，貯蓄所得が課税されることは少ない。

　配当所得と貯蓄所得については，個人貯蓄勘定（individual savings account；以下，ISA と略す）制度も設けられており，当該口座で生じた配当所得・貯蓄所得には課税されない。当該制度は，我が国の「少額投資非課税制度」のモデルとされた制度であり，日本版 ISA として NISA（ニーサ）と呼称されている。[7]

3　高額所得者に適用される税率の推移

　第二次世界大戦以降，英国の所得税率階層は多階層構造であり，最も多い 1978-79 年で 0 ％も含めると 12 階層に区分されていた。しかも，最高税率は 80% 以上という非常に高い値で推移してきた。1979 年にマーガレット・サッチャー（Margaret Thatcher）が首相に就任すると，それまでの「ゆりかごから墓場まで」（from the cradle to the grave）をスローガンとする福祉国家政策にブレーキが掛けられ，1979-80 年度に最高税率は 60% に下げられた。階層も翌年には 7 階層に改変された。さらに，1988-89 年度における税制改正において，基本税率 25% と高所得税率 40% の 2 税率 3 階層となった。3 階層構造は 22 年間変わることなく，最高税率は高所得税率 40% で維持された。2010-11 年度に追加税率が導入され，最高所得税率は高所得税率から追加税率に取って変わることとなったが，現在でも高所得税率は 40% であり，30 年間変わることはなく据え置かれている。[8] 40% の高所得税率が適用される所得の境界値は，1988-90 年度に 19,300 ポンドであり，以後，緩やかに上昇し，2009-10 年度にほぼ 2 倍の 37,400 ポンドになった。その後切り下げが行われ，2017-18 年度の境界値は 33,500 ポンドである。1988-90 年のポンドと円の為替レートは 225 円程度で，課税所得 430 万円程度で高所得税率が適用されていたこととなる。2017-18 年度の為替レートがほぼ 140 円前後で推移しているので，470 万円程度で高所得税率が適用されていると考えられる。高所得税率 40% は，広範囲の中高所得者

に，ここ30年ほぼ一定の水準を守って適用されてきたと言えよう。

現在の最高所得税率である追加税率は，当初50%で導入されたが，2013-14年度から45%に切り下げられた。追加税率の適用境界値は，150,000ポンドで変更されたことはない。追加税率は，約2,000万円以上の課税所得を有する一部の最高所得層に適用される税率と言える。しかし，適用境界値が高所得税率境界値のほぼ4.5倍の高い水準に設定されているのにも拘わらず，税率自体の上昇は5%にとどまり，その名のとおり追加的な税として設けられているものである。

このように，英国の所得税率は，低額所得者とそれ以外の中高額所得者との大きく2階層に区分して設定され，中高額所得層に対してはフラット税率に近い構造となっている。

Ⅲ 所得格差の拡大

フランスのトマ・ピケティ教授は，所得の格差（income inequality）と富の格差（wealth inequality）を研究し，2013年に『21世紀の資本』（*Le capital au* ⅩⅪ *e siècle*）を発表した。そこでは，世界20か国をカバーする所得税申告や相続税申告に基づいた租税データ及び国民経済計算から導かれた国民所得に関するデータ並びに世界の研究者の共同作業からなる世界トップ所得データベース（WTID）からの情報が分析されている。[9]

これらの情報を比較検討する視点として，格差を三つの階層に区分する方法を用いる。富裕層はトップ10%，下位層は下位50%，中間層が上位50%のうち富裕層を除く40%である。

図1は，米国における所得格差の歴史的動向（1910年から2010年）について，国民所得全体に占めるトップ10%の所得の割合を総所得のシェアと総所得からキャピタル・ゲインを除いた所得のシェアの二つの割合で比較表示し，さらに，総賃金に占めるトップ10%の賃金シェアを重ねて表示している。

ピケティ教授の分析においては，国民所得は各国民の所得の総和であり，各人の労働所得と資本所得の合計は総所得若しくは所得と呼ばれる。労働所得は，賃金，給料，賞与などとして生産プロセスで労働を提供した人に支払われるも

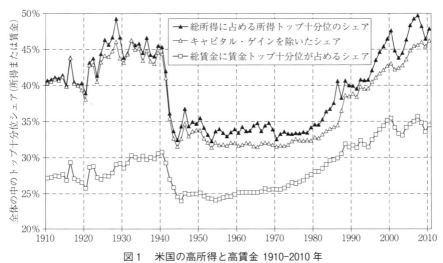

図1 米国の高所得と高賃金 1910-2010 年
1970 年代以来の所得格差上昇は，主に賃金格差で生じたものだ。
出所と時系列データ：http://piketty.pse.ens.fr/capital21c を参照。

出所：Thomas Piketty，山県浩生・守岡桜・森本正史訳『21 世紀の資本』みすず書房，2014 年，311 頁。

のの総称である。資本所得は，利子，配当，ロイヤリティなどとして生産プロセスで使われた資本の所有者に対して支払われるものを指し，キャピタル・ゲインを含む。所得格差は各人に分配される総所得の差を意味し，賃金格差は労働所得に生じる格差を指す。また，ここでいう「資本」とは，「人間以外の資産として，所有できて何らかの市場で取引できるものの総和」として定義され，いわゆる人的資本は除かれる。さらに，簡略化のために「資本」と「富」とは同義として使用されている[10]。

図1は1910年から始まっているが，1914年から18年に第一次世界大戦が起こっている。大戦終了後の1920年代においてトップ10％の総所得のシェアは40％から50％に急激に上昇している。1929年に世界恐慌が起こると45％前後に下がり，1939年から45年の第2次世界大戦で急激に下落した。ピケティ教授の分析によれば，全国戦時労働委員会（The National War Labor Board）が重役の給与の上昇を抑え，最低賃金層の賃上げを指示したことが背景にある[11]。その後の35年間では，シェアは低水準で安定的に推移した。

しかし，1980 年を契機としてシェアは上昇し，途中 1987 年のブラックマンデー，2001-02 年の IT バブルのはじけにより一時的停滞と下降があったとしても，2007 年には 50％に達した。50％に達したのは過去 100 年で 2 回だけであって，1 回目の 1928 年の翌年には大恐慌の発端となった株式市場大暴落が起こり，2 回目の翌年にはリーマンショックによる金融危機が世界に広がった。しかし，2010 年にはシェアは再び上昇に転じて，今や 50％を超える勢いにあると推定される。

　図 1 における 3 本の折れ線グラフからは，総所得のシェアとキャピタル・ゲインを除いた所得のシェアとの乖離がなく，グラフの形状は総賃金に占めるトップ 10％の賃金のシェアの変動に依存していることが読み取れる。1980 年以降の所得格差拡大に関しては，キャピタル・ゲインはそれほど大きな影響を与えてはいない。1975 年ごろの 25％から 35％に伸びた賃金シェアの上昇が大きな要因であり，富裕層の給与所得の拡大が所得格差拡大の一因であると考えられる。

　教授は，さらに所得階層のトップ 10％を三つのグループに分け，最も裕福なトップ 1％，次にその下の 4％，もう一つはトップ 10％のうちの下位 5％の最高所得の三階層が総所得に占める割合も分析している。この階層においても 1980 年以降にシェアを大幅に上昇させた層は最高所得層のトップ 1％である。トップ 1％は，1980 年に 10％を占めるに過ぎなかったものが，2007 年には 24％近くに至り，リーマンショックにより減少したものの，2010 年には 20％を占めている。この間，トップ 1％以外の二つの階層はシェアを 2 〜 3％広げただけで，ほぼ水平なグラフを示しており，トップ 1％のシェア上昇が際立っている。2010 年においては，このトップ 1％は年間所得 352,000 ドル以上のグループを指す。2010 年の円の対ドル為替相場は 1 ドル 90 円から 81 円の非常に円高の水準であったが，このレートによる換算でも約 3,000 万円以上のグループとなり，非常に高い所得層である。

　図 2 は，このトップ 1％の国民所得全体に占める割合を図 1 と同様に総所得のシェアと総所得からキャピタル・ゲインを除いた所得のシェア並びに総賃金に占めるトップ 1％の賃金のシェアを示している。

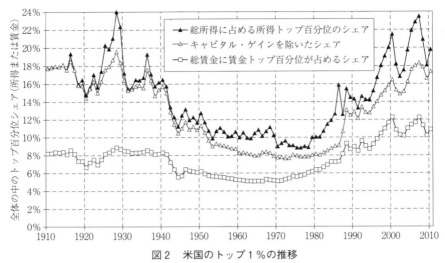

図2 米国のトップ1％の推移

1970年代以降のトップ1％の最高所得の上昇の大部分は，トップ1％の最高賃金の上昇によるものだ。出所と時系列データ：http://piketty.pse.ens.fr/capital21c を参照。

出所：Thomas Piketty，山県浩生・守岡桜・森本正史訳『21世紀の資本』みすず書房，2014年，311頁。

　トップ1％の総所得に占める割合を上昇させた原因も，トップ10％の場合と同様にキャピタル・ゲインではなく賃金所得の上昇にある。トップ1％が稼得する賃金は，1980年に全体の6％であったものが2000年以降は10～12％と6％程度上昇し，ほぼ2倍の割合を占めることとなった。同一時期トップ10％の賃金シェアは，27％程度から35％へと7～8％の上昇となっており，トップ10％のシェア上昇のほとんどがトップ1％によってなされたことが解明される。

　非常に興味深いことは，トップ10％のシェアもトップ1％のシェアも，2007年の割合は世界恐慌前の1928年とほぼ一致しており，トップ10％が50％を占めるときにはトップ1％は24％を占めている。しかし，賃金所得のシェアは，1928年より2007年の方がトップ10％も1％もどちらも大幅に高くなっている。やはり，1980年以降の所得格差拡大は，富裕層，特に最上富裕層の賃金所得が大幅に拡大したことが主要因である。

　ピケティ教授は，トップ1％の所得シェアの先進国比較を行っているが，英

語圏である英国，カナダ，オーストラリアは，程度は弱まるものの米国と同様の状況を示す。しかし，大陸系ヨーロッパのフランス，ドイツ，スウェーデン並びに日本は，英語圏ほどのＵ字を描くグラフとはなっておらず，所得格差が拡大しているとは言えない。日本では，第二次世界大戦前にトップ１％が18〜20％のシェアを占めていたが，戦争で一気に８％にまで下落し，その後，緩やかな上下を繰り返しながら８％以下のシェアで安定的に推移した。1991-92年の７％を下限として緩やかな上昇カーブを描き，2010年で９〜10％に上昇している。

経済学モデルでは，賃金の格差が生じる仕組みを次のように説明する。労働者の賃金は，その人の限界生産力，すなわち働いている会社や組織の生産高に対するその個人の貢献度に応じて決定され，労働者の生産力はその人の有する技能と，所属する社会におけるその技能に対する需給によって決まる。

では，米国や英語圏の国々の富裕層の労働生産性が，大陸系ヨーロッパ各国や日本より急激に上昇する状況が存在したのであろうか。

ピケティ教授は，トップ10％内のトップ１％と残り９％の所得シェア増加の様態の違いに着目し，この富裕層内での状況乖離は，教育年数，教育機関の選択，職業経験といったどんな基準を使っても，限界生産性理論では説明できないと主張する。教授によれば，「英語圏における，ここ数十年の所得格差増大の最大の原因は，金融，非金融セクターの両方におけるスーパー経営者の台頭¹²⁾」による。スーパー経営者とは，大企業の重役で，仕事の対価として非常に高額の報酬を得る人々を指す。

日産自動車のゴーン社長の2015年度の報酬が前年度の10億3,500万円から3,600万円増額され，10億7,100万円であったと報道された。2014年度の株主総会において自ら説明に立ち「世界からトップレベルの人材を採用し，引き止めるためには…（中略）…競争力ある水準の報酬を提供していく必要がある。」と述べ，海外自動車の自動車メーカーのCEOの平均報酬額2,870万ドルと比べると，決して高くないと強調したと伝えられている。しかし，この事業年度における役員11人の報酬総額は14億6000万円であり，他の役員の平均は4,250万円となる¹³⁾。トヨタの豊田章男社長の報酬が３億5000万円と言われてい

るので,ゴーン社長の報酬は飛び抜けている。日本にも,多国籍企業を中心とするスーパー経営者の台頭が忍び寄っている。

IV 世界の最高所得税率の推移

1980年の格差拡大方向への変動の背景は何であろうか。英国の最高税率の推移について前述したが,ピケティ教授によれば,格差拡大の背景に税法,とりわけ最高所得税率の変更にその原因の一つがある。

図3は,先進国主要4か国の最高所得税率の推移を比較したグラフである。きっかけは1981年のロナルド・レーガン(Ronald Reagan)米国大統領の就任であろう。レーガン大統領の2期8年の就任時代に採用された政策は,レーガノミックスと呼ばれ,社会福祉費と軍事費による政府支出を拡大させ,同時に大幅な減税を行うという供給面から経済を刺激する政策であった。

レーガン政権は,1981年経済復興税法(Economic Recovery Tax Act of 1981: ERTA)により大規模な税制改革を行った。その内容は,大幅な所得税率の引

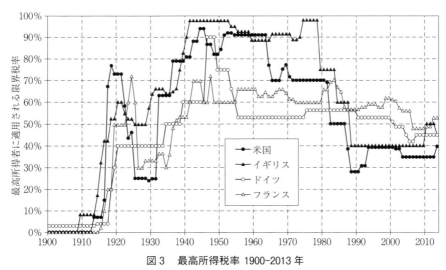

図3 最高所得税率 1900-2013年

所得税の最高限界税率(最高の所得に適用されるもの)は,米国では1980年に70%だったのが,1988年には28%まで下がった。出所と時系列データ:http://piketty.pse.ens.fr/capital21c を参照。
出所:Thomas Piketty,山県浩生・守岡桜・森本正史訳『21世紀の資本』みすず書房,2014年,521頁。

下げと民間企業の設備投資を促進する投資減税政策である。個人所得税の最高[14]
税率は1980年に70%であったものが，1981年には69%，1982年には50%，
1987年に39%，1988年には28%に引き下げられた。第二次世界大戦が始まっ
てからの米国と英国は，懲罰的とも思える最高税率を導入している。この高い
税率は1980年まで続いたが，米国の減税に追随するように，英国においても
減税が行われている。

　最高税率が急激に引き下げられた1980年代後半において，米国のトップ
1%の所得占有割合はどのように推移したであろうか。図1と図2に立ち返る
と，総所得での占有率も賃金所得における占有率も同時に急激に上昇している。
明らかに，この時期の最高税率の引下げが富裕層の所得シェア上昇のきっかけ
となっている。最高税率の引下げは，自らの報酬を決定する権限を有する最高
経営者にとっては，高額報酬へのインセンティブとして働いたのである。

　ピケティ教授によれば，米国と英国の最高所得税率の引下げは，最高経営層
の報酬決定方法を完全に変えてしまい，激増を招いた。その恩恵を受けた人々
は，大金を政党，圧力団体，シンクタンクに献金ができるようになり，間接的
に社会的・政治的影響力を有することとなる。そうした人々にとって，さらに
最高税率を低く抑えたり，もっと下げたりすることが理に適った政策となる。
このような過程が，スーパー経営者を生み出し格差拡大を増幅させるメカニズ
ムである。[15]

　これに対し，フランスとドイツの最高税率の増減幅は小さく，1950年から
2000年まではほぼ水平に推移している。最高税率の高低とトップ1%のシェ
アの高低について両国を比較すると，最高税率が低いドイツの方がトップ1%
のシェアが高い。しかも，両国よりも最高税率が低い英国のトップ1%のシェ
アは米国に次いで高い。最高税率が所得格差に影響を与えていることが，解明
された。

　日本の最高税率も，所得税率に住民税10%を加算して比較すれば，フランス
やドイツと似た傾向であり，かつ，日本の富裕層が所得を支配する状況は，フ
ランス・ドイツと同程度であって，米国や英国ほど深刻ではない。しかし，教
授の分析によれば，日本のトップ1%のシェアは，21世紀に入ってから2〜

3％上昇しており，所得格差の著しい増加を意味している。先進国における経済成長力・生産性の向上力は，ほぼ同等であり，その差は僅かである。日本も米国と同じ道を歩む可能性は高いと言える。[16]

V 「マーリーズ報告書」による英国の状況分析

「マーリーズ報告書」においても，所得格差に対し税率がどのように影響を及ぼしているかを分析している。報告書では，分析に当たって最高税率ではなく，限界実効税率（effective marginal tax rate：以下，EMTR と略す。）を使用する。EMTR は，限界的な収益の増加がどの程度税金として支払われるかを表現する。EMTR が 60％ である場合，追加的収入 10,000 円には税が 6,000 円課税され，処分可能額は 4,000 円となる。つまり，この値が高いと可処分所得の割合は小さくなり，労働へのインセンティブは低くなる。[17]

「マーリーズ報告書」は，英国の富裕層における総所得の支配率と EMTR が歴史的にどのように推移したかを分析している。図 4 は，トップ 1％の，いわば最高所得層の所得シェアを右側の目盛に合わせた実線のグラフで表し，その

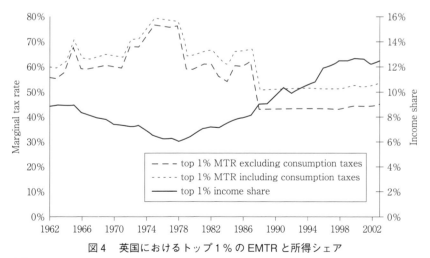

図 4　英国におけるトップ 1％の EMTR と所得シェア

出所：Institute for Fiscal Studies, *Dimensions of Tax Design: The Mirrlees Review*, Oxford University Press, 2010, p. 107.

上に，左側の目盛に合わせた二つのEMTRの点線のグラフを重ねて，それらの1962年から2003年までの歴史的推移を表している。EMTRの一つは，所得税に国民保険負担金の負担率を含めた率であり，もう一つのEMTRは，さらに付加価値税や物品税などの消費税を含めて計算したものである。

英国の最高所得税が1978-79年度に60％へ，1988-90年度に40％へ引き下げられたことは先に述べた。EMTRは，明らかに2回の急激な下降線を階段状に描いている。所得シェアも明らかに1回目の減税を境にして上昇に転じ，1978年の6％から2003年には12.6％へと倍増した。

次に，図5はトップ1％に続く4％（5〜1％）の所得シェアと二つのEMTRを示したグラフである。こちらのEMTRは，トップ1％に対するものとは違い，長期的には安定的に推移しているものの，やはり2回の減税時には急激な下降線を描き，所得シェアもトップ1％ほど急激ではないものの，1回目の減税をきっかけに上昇に転じ，以後緩やかではあるが上昇傾向にある。やはり，最高税率の引下げが所得格差拡大をもたらしたのであろうか。

「マーリーズ報告書」によれば，二つの図からは次のような特徴が指摘される。[18]

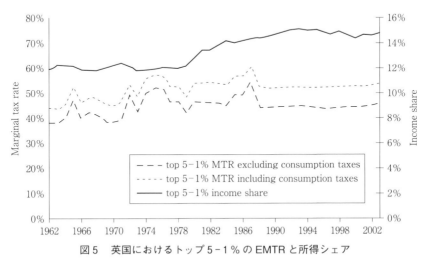

図5　英国におけるトップ5-1％のEMTRと所得シェア

出所：Institute for Fiscal Studies, *Dimensions of Tax Design: The Mirrlees Review*, Oxford University Press, 2010, p. 108.

① 確かに，１回目の減税は所得格差拡大のきっかけになったと言えるが，
２回目の減税に対しては，所得シェアは短期的変化を示していない。

② ２回目の減税以降，トップ１％も，トップ５〜１％も EMTR は安定的
であり，しかも共に同じレベルの EMTR に直面していた。この期間，ト
ップ１％では所得シェアは上昇を続けたが，トップ５〜１％では，1990
年代後半においてはシェアを若干ながら下げている。

③ 二つの層を合わせたトップ５％のシェアは，1978 年の 18% 辺りから
2003 年の 27% 辺りにまで上昇しているが，上昇した９％のうち６〜７％
はトップ１％の上昇により占められている。

以上のような特徴分析を前提にして，２回の減税時に生じた EMTR の変化
に対する所得シェアの変化の弾力性（elasticity）について分析し，それらの結
果から英国における所得格差の拡大の原因を次のように推論する。[19)]

① 1988 年以降，トップ５％は均一的な EMTR に直面していたにも拘わら
ず，トップ１％層の所得シェア上昇が大きいのは，トップ１％になっても，
つまり，より高い収入を得ても英国の中高所得への税率構造がフラットで
あることから，安定的に同じ税率が適用されていることにより，トップ５
〜１％の層がインセンティブを受けて労働供給を高めたからであろう。

② あるいは，トップ１％の所得シェアの上昇がより大きいのは，最高税率
よりも他の高所得層への優遇政策が大きな誘因となったのであろう。

つまり，「マーリーズ報告書」は，英国の最高税率引下げが所得格差の直接
的原因ではないと主張する。報告書は，英国における税と国民保険負担金との
負担額と給付制度により受ける給付額が可処分所得に影響を与えている度合い
を，10 段階の所得階層別のグラフとして示している。それが図６である。最高
所得層においては，可処分所得に対しマイナス 60% 程度の影響度と計算され
るが，最低所得層においては給付金が可処分所得の 85% を構成するため，プ
ラス 40% の影響度となっている。この影響度は，見事にプラス 40% からマイ
ナス 60% への右下がりの直線を描き，ちょうど真ん中の５番目の階層におい
てほぼ± ０％の影響度となる。この結果から，報告書は英国の税と給付金の体
系は所得分配に対しバランスの取れた構造となっており，高額所得者に対する

180

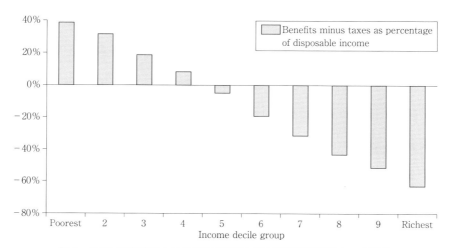

図6　2009-10年度における英国の税制と給付制度の所得分布への影響
出所：Institute for Fiscal Studies, *Tax by Design: The Mirrlees Review*, Oxford University Press, 2011, p. 80.

課税制度については，(a)労働インセンティブを減ずることのない税率構造とすること，(b)税収の最大化をもたらすことに目的を定めた最高税率を決定することを唱えた。

上記(a)については，所得が100,000ポンドを超えると徐々に減額される人的基礎控除の構造と高所得税率40％との組み合わせにより，100,000ポンドから人的基礎控除がゼロとなる控除限度所得までの間において，EMTRが全階層を通じて最も高い60％となっていることを指摘した。EMTRにより示される不合理な税率構造は，中高所得層の労働インセンティブを削ぐものとなっている。税率階層は，国民保険の負担率と統合し，簡素で解りやすいものにすべきである。

次に，(b)については，マーリーズ・モデルと呼ぶ英国経済モデルを用いて，税収を最大化させる最適EMTRを算出した。それによると最適EMTRは50.4％から64.5％である[20]。分析当時の最高税率50％は，他の税と負担金の税率を考えれば，EMTRは70％を超え，高すぎる。報告書によれば，所得税は歳入の28％を占めるが，その4分の1は納税者のトップ1％により負担されて

181

いること及び最高税率である追加税率50%の適用を受けるのは，成人人口約4,900万人のうち27万5,000人に過ぎないことから，これらの者の労働インセンティブを高めることの方が税収を増やすことができる。[21]

　なぜなら，このような最高所得者の「働くか否か」が税率に対し応答性があるとは認められず，彼らは負担する税の多寡をコントロールする方法を見出す可能性を有しており，税率が高いことは彼らの節税・租税回避ひいては脱税への誘惑を高める。したがって，高額所得者への税率を高めることが，必ずしも税収を増やすわけではない。

　報告書の提言を受けてかは不明であるが，最高税率は2013-14年度から45%に切り下げられた。しかし，現在においても(a)に係る指摘は改善されていない。

VI　我が国の高額所得者課税への提言

1　給与所得者のEMTR

　我が国の給与所得者に対するEMTRを試算すると，表3のとおりである。試算は，単純化のため給与所得のみを有する独身者を対象とし，所得控除は基礎控除のみの場合における所得税と住民税及び社会保険料（厚生年金保険料・健康保険料・介護保険料）の負担額に係るEMTRである。社会保険料は，全国健康保険協会管掌に係る平成29年4月以降東京都において適用される保険料額表に基づき算出した。

　表3によると，所得税率階層は所得税率が変更される境界値において税率の上昇率と同じ割合で，EMTRの上昇をもたらす。累進税率が目的とする垂直的公平に寄与していることが解る。しかし，社会保険料の等級上限がその効果を打ち消してしまっている。まず，厚生年金保険料の等級上限が月額62万円で規定されていることにより，課税所得400万円を境界値としてEMTRを7％も引き下げてしまう。同様に，健康保険料の等級上限である月額139万円もEMTRを3％引き下げている。社会保険の等級上限は，所得税率階層の枠外において，所得税率の同一水準内に境界値を設けていることにより，EMTRを逆進的なものとしてしまっている。

　もうひとつEMTRの階層を増やしているものが，給与所得控除額の上限で

英国における高額所得者課税の課題と改革

表3　我が国の所得税率階層と EMTR

所得税率	課税所得		EMTR	摘要
	下限	上限		
5%		195 万以下	25%	
10%	195 万	330 万	28%	
20%	330 万	（400 万）	38%	厚生年金等級上限
	（400 万）	（620 万）	31%	給与所得控除上限
	（620 万）	695 万	34%	
23%	695 万	900 万	37%	
33%	900 万	（1,240 万）	46%	健康保険料等級上限
	（1,240 万）	1,800 万	43%	
40%	1,800 万	4,000 万	50%	
45%	4,000 万超		55%	

筆者作成

ある。平成 29 年度では，給与収入 1,000 万円で控除額が 220 万円の頭打ちに
なった制度である（所法 28 条③五）。表 3 では，課税所得 620 万円がその境界
値となっている。給与所得控除額は，課税所得計算上の金額であって直接的な
負担額ではないため，社会保険の等級上限がもたらす逆進性を緩和する効果を
もたらしている。このように，資金流失のない所得控除額の上限または適用制
限は，EMTR の観点においても逆進性を持つものではないが，英国の人的基
礎控除のように控除額を低減させる仕組みを持つ所得控除は，税率階層の枠外
において EMTR を上昇させる効果を持っていることに留意しなければならな
い。

　国税庁は，昭和 24 年以降，毎年「民間給与実態統計調査」を行っている。こ
の調査は標本調査で全体数値は推計されたものであるが，これによれば，平成
27 年中に民間の事業所が支払った給与の総額は 204 兆 7,809 億円であり，源泉
徴収された所得税額は 8 兆 9,898 億円で，その負担割合は 4.39% であった。ま
た，1 年を通じて勤務した給与所得者は 4,794 万人で，その平均給与は 420 万
円であり，男性平均は 521 万円・女性平均 276 万円である。正規・非正規社員
の区分では，正規 485 万円の平均給与に対し，非正規 171 万円であって，男女

183

間格差・正規非正規間格差が大きい。

　給与階層の分布状況では，100万円超から500万円以下の階層が全体の62.9%を占めるものの，税額の負担は17.8%を占めるにとどまり，800万円以上のトップ8.8%の者で税額の62.6%の5兆5,281億円を負担している。さらに，トップ1.1%の1,500万円以上の高額所得者がそのうちのほぼ半分，全体の31.9%を負担している。

　表3におけるEMTRが38%と高い課税所得330万円から400万円の層は，年収ベースで650万円から750万円に当たり，高額所得者に分類される収入の一歩手前の者である。つまり，我が国の社会保険料負担を含めた総合的なEMTRは，所得税率が10%から20%に上昇する中間所得層に高い負担感を抱かせるものとなっている。「マーリーズ報告書」の言葉を借りれば，高額所得層に手が届きそうな者の租税負担感を高め，労働インセンティブを削ぐものとなっている。

　また，構成比率が最も高い300万円超400万円以下の層は，課税所得が100万円から170万円程度に対応しEMTRは25%であるが，この層の税を負担している割合は全体の1.8%と非常に低い。年収400万円以下の者は構成比率57.4%と全体の6割近くを占め，これらの者にとって最も負担感が大きいものは社会保険料である。また，低額所得者の可処分所得のほとんどが消費に費やされると考えれば，8%の消費税も非常に大きな負担である。全体の6割近くの者にとって社会保険料と消費税の負担は，税の垂直的公平を歪ませる原因となっている。すなわち，社会保険料と消費税が有する逆進性は所得税の所得再分配機能を妨げ，所得格差拡大の大きな原因となっている。

　「マーリーズ報告書」は，英国の所得税と国民保険負担金との統合を強く呼びかけているが，我が国においても，社会保険料と所得税・住民税を統合した税率階層の確立が急務である。

2　高額所得者課税制度の改善案

　ピケティ教授は，最高所得層（トップ0.1%）において労働所得と資本所得が逆転し，ほんの一握りの者は資本所得により莫大な所得を得ていると分析する。[22)]

森信茂樹教授の分析によれば，我が国の所得税の申告納税者の所得税負担率は，合計所得金額1億円を境として低下し，合計所得金額に占める株式等譲渡所得の割合が急増する[23)]。これは，株式等譲渡所得と配当所得の分離課税制度による低率課税が原因である。この制度の背景には，我が国のバブル経済崩壊後の株式市場の低迷と国際的な資本所得への低率課税の風潮がある。しかし，これらの所得を稼得しているのは高額所得者若しくは資産家であり，この制度が所得格差・富の格差を拡大させる最大の要因と言うことができよう。

先に観たように，英国では配当所得は税率の軽減が行われてはいるものの，累進税率が適用される。我が国の所得税法においても，原則として配当所得は総合課税であるが，特例によりほとんどの配当所得が申告分離，さらには源泉分離課税により申告さえも不要となっている。税率はフラットであり，累進構造にはなっていない。株式等譲渡損失と配当所得の損益通算さえ認められている。さらに，これらの所得は社会保険料の負担にはほとんど加味されない。また，年金受給年齢に達していても，給与所得が生じていると公的年金は減額されるのに，どんなに多額の配当所得や株式等譲渡所得を得ていても年金を減額されずに済ますことができる。我が国のトップ0.1%のEMTRは非常に低いものとなっている。この欠点を改善するには，資本所得にも累進税率を適用させることが必要である。一定以上の金額の資本所得は，総合課税化させるべきであろう。幸い英国を模倣したNISAが導入されているのであるから，この制度を拡充し，「標準的な労働収益から蓄えられた貯蓄が生む果実」としての配当・利子などの貯蓄を源泉とする所得や長期的に保有された株式の譲渡所得などを非課税とすることができる。この方法は，「マーリーズ報告書」が主張する貯蓄を源泉とする所得を課税から排除する考え方に一致する。貯蓄を源泉とする所得のうち，正常的な収益により構成される少額な部分は非課税とされるが，超過利潤から構成されるような高額な貯蓄を源泉とする所得は，累進税率が適用されるようになる。また，配当所得の二重課税問題に対応するには，英国の配当所得に対する軽減された累進税率構造も参考とすることができよう。

さらに，「マーリーズ報告書」が主張する株式譲渡の正常的な差益には，一定の控除を認める課税方法を検討することも必要であろう。株式譲渡所得は，

富める者の超過利潤的所得を生み出す源泉とも言え，現代の経済学上のレント（rent）である。このような所得に対する課税を強化することは，所得の格差を解消する最大の解決策であると考えられる。

これらの資本所得課税制度の改革と低額所得層における社会保険料と消費税の逆進性に対する改革を行うことにより，税の所得分配機能の強化が格差拡大の防止につながる方策と言えよう。

所得格差，富の格差が進むと権力・権威が集中し，社会は荒廃する。このような社会不安は歴史的必然性として政治的不安定要因（最終的には血を伴う政治革命）となる危険性が高く，民主主義は危険に晒される[24]。現在はすでにその兆しが現れているのではなかろうか。

注

1) Institute for Fiscal Studies, *Tax by Design: The Mirrlees Review*, Oxford University Press, 2010, p. 5.

2) Keith M. Gordon & Ximena Montes Manzano (eds.), *Tiley & Collison's, UK Tax Guide 2013-14 31st edition*, Tolley, 2013, p. 387.

3) 所得税により課税される所得は，(a) 雇用所得（employment income），(b) 年金所得（pension income），(c) 社会保障所得（social security income），(d) 事業所得（trading income），(e) 財産所得（property income），(f) 貯蓄所得（savings income），(g) 雑所得（miscellaneous income）及び (h) その他の法律により課される所得の8つである。いわゆる譲渡所得は，課税利得法（Taxation of Chargeable Gain Act）によりキャピタル・ゲイン税が課される。

4) Keith M. Gordon & Ximena Montes Manzano (eds.), *op. cit.*, p. 422.

5) 菊谷正人「英国の「個人貯蓄口座」（ISA）に対する非課税制度の特徴―日本版ISA（NISA：少額投資非課税制度）との比較」『租税実務研究』第2号，平成26年，6頁。

6) Income tax rates and allowances : current and past, online, GOV UK.
https://www.gov.uk/government/publications/rates-and-allowances-income-tax/（4/27/2017 access）

7) 菊谷正人，前掲稿，1頁。

8) Income tax rates and allowances : current and past, online, GOV UK.

9) Thomas Piketty, *Le capital au XXIe siècle* (translated by Arthur Goldhammer, *Capital In The Twenty-First Century*, Harvard University Press, 2014. 山県浩生・守岡桜・森本正史訳『21世紀の資本』みすず書房，2014年，18-22頁).

10) 同上訳書，48-51頁。

11) 同上訳書，310頁。
「この委員会は1941年から1945年まで，米国におけるすべての賃上げを承認するのが

仕事だったが，多くの場合は最低賃金層の労働者にしか賃上げを認めなかった。特に，重役報酬の名目値は一貫して凍結され，戦争末期でもごくわずかしか上昇しなかった。」

12)　同上訳書，328頁。

13)　株主総会 2015，オンライン，東洋経済
　　http://toyokeizai.net/articles/(8/21/2016 access)

14)　伊藤公哉『アメリカ連邦税法（第4版）—所得概念から法人・パートナーシップ・信託まで—』中央経済社，2009年，200頁。

15)　Thomas Piketty，前掲訳書，348頁。

16)　同上訳書，99頁

17)　Institute for Fiscal Studies, *op. cit.,* p. 82.
　　ただし，Institute for Fiscal Studies, *Dimensions of Tax Design: The Mirrlees Review,* Oxford University Press, 2010, p. 98. では marginal effective tax rate（METR）としている。

18)　Institute for Fiscal Studies, *Dimensions of Tax Design,* pp. 106-107.

19)　*Ibid.,* p. 108.

20)　*Ibid.,* pp. 110-111.

21)　Institute for Fiscal Studies, *op. cit.,* p. 108.

22)　Thomas Piketty，前掲訳書，313頁。

23)　森信茂樹「社会保障と税の一体改革のグランドデザイン」『TKC会報 2016年9月特別号— TKCタックスフォーラム 2016 —』TKC全国会，平成26年，26頁。

24)　菊谷正人「『富裕税法』再導入論」『経営志林』第53巻第2号法政大学経営学会，2016年，23頁。

消費税の本質と「社会の負担」理論

内 山 昭
（経済学博士・立命館大学上席研究員）

はじめに

日本では国民的抵抗と言えるほど，消費税率の引上げに対する不同意，反対がいまだに根強い。1980年代の売上税提案から3％の消費税導入，5％，8％，10％（2回延期）への基本税率引上げの，いずれの時もそうであった。この冷厳な現実は，まずもって消費税の本質に由来する。

われわれはW.H.オークランドに学んで，（一般）消費税＝消費型付加価値税の本質を「原理的に賃金税」，多様な勤労階層の存在をふまえた現実の社会では間接生計費税と規定する。そして個人所得税や個別消費税（ガソリン税，酒税，たばこ税）との間にある負担帰着の重要な違いを説明できるものとして，「社会の負担」理論を提起した。この理論は拙著『大型間接税の経済学』（1986）で最初に展開された。EU諸国で付加価値税の基本税率が15～20％に達し，我が国の消費税率についても15％水準への引上げが想定される現在，累進構造の所得税や資産課税との本質的差異を掘り下げることが求められる。賃金税説や間接生計費税説，「社会の負担」理論の再構成が，租税研究の深化に貢献できると考えるゆえんである。[1]

1 賃金税説と間接生計費税説

W.H.オークランドは論文「付加価値税の理論[2]」（1967）において消費型付加価値税（C-VAT）が原理的に賃金税であること，C-VATと小売売上税がより徹底した一般消費税であることから，いずれもその基本的性格が賃金税であるが，他方では両者の経済効果には小さくない相違があることを明らかにした。

188

消費税の本質と「社会の負担」理論

　周知のように日本の消費税も課税ベースを控除法による付加価値とし，「資本財の即時全額控除」を認めるから「消費型付加価値税」である。

　オークランドの C-VAT ＝賃金税説は，資本財と消費財が２つの生産要素，資本と労働によって生産される経済（土地を捨象）を想定し，理論的考察に必要ないくつかの仮定を前提とする。ある時点で生産の諸要素が２つの生産部門に非弾力的に供給されていること，資本財ストックは金利生活者である諸個人の集団に所有されていること，などである。この理論的フレームの下で 20 余の方程式を駆使して C-VAT と小売売上税との異同など詳細な分析を行い，C. S. シャウプとの論争に対応しつつ原理的賃金税説を導出した。詳細は割愛するが論争では，シャウプが C-VAT と均一税率の小売売上税について「両者とも課税ベースが概念的に総消費支出であること」を根拠に同等であるとみなした。これに対し，オークランドは両者の間に全可処分所得に対する影響の違いや，減価償却費の控除を認めないことによる既存資本への課税の有無などを指摘し，決して同等ではないと評価した。

　同氏の原理的賃金税説は，次のように規定される。「C-VAT はきわめて強固に賃金税と結びついている。これが以前から恒常的に実施されてきたのであれば，特にそうである。新投資に対して即時全額控除を認めるということは税負担に関して現在割引価値をゼロにするということであり，このことはとりもなおさず C-VAT の下では賃金所得のみが課税されることを意味する。……（小売売上税は）全賃金が消費され，すべての資本収益が貯蓄されるとき，賃金税に接近する[3]。」シャウプも，賃金税説自体は次のように積極的に肯定する。「これら２つの税は２生産要素の世界における賃金税と同等であるとみなされる[4]」

　さらにオークランドは賃金税説の意義について，付加価値税と比例所得税との比較分析を通じて一般的な利潤課税を付加価値税に代替した時の負担関係の解明にあるとして次のように述べる。「この税制転換の正味の効果は，所得分配の公正を減少させるというのが，われわれの結論である。」このように，賃金税説の核心的意義はまさに，C-VAT（消費税）の新設や存在が所得分配の不公正を拡大し，課税の公平を減ずることにある。

　C-VAT ＝賃金税説は資本と労働という生産の２要素，資本収益と賃金とい

189

う２つの所得を想定した原理的レベルでの議論であるが，現実の社会は資本家・経営者と労働者という２大階級から構成されているわけではなく，ほかにも様々な階級・階層が存在する。就業人口の過半を超える労働者階級に加えて，多様な勤労諸階層，すなわち小売業やサービス業などにおける自営業者や家族経営，農林畜水産業者，さらに多数の退職者などである。これらの社会的グループもまた消費者としてC-VAT（消費税）を負担する。この実態を踏まえたより現実的な本質規定こそ，「C-VAT（消費税）＝間接生計費税」に他ならない。

この規定の含意は第１に，労働者階級と勤労諸階層は人口の圧倒的部分を占めるから，これらの階級・階層の生計費が消費税負担の大部分を担うことである。また負担の逆進性はC-VATの生来の特性であり，負担はとりわけ低所得層において最も過重であるが，非正規雇用や片親家庭，社会的弱者，年金生活者などから成る低所得は勤労階層の重要な構成部分である。第２に，資産所得やキャピタルゲインを所得の主たる源泉とする富裕層にとっては，その生計費がC-VATを負担はするが，この階層の所得増加は税負担分や物価上昇率をはるかに超えることが通例であり，税負担を所得増加によって相殺することが容易である。むしろ富裕層は資産所得やキャピタルゲインへの優遇税制の縮小，企業課税や累進負担が強化されることよりも，税体系のC-VAT（消費税）へのシフトを強く期待するのが現実の姿である。

付言すると，間接生計費税という本質規定は小売売上税や取引高税など一般売上税の他の形態についても概ね当てはまる。C-VAT以外の諸形態には課税の累積，特定段階の事業者への課税の衝撃などそれぞれ欠陥があり，負担の配分や帰着に不純な要素が入り込むものの，勤労諸階層の生計費がその大部分を負担することに変わりないからである。[5]

2 「消費者としてみた社会の負担」理論

C-VATの賃金税説や間接生計費税という規定は完全転嫁の下では，賃金労働者や勤労諸階層がC-VATの大部分を負担することを意味する。資本と労働という生産要素，利潤（資本収益）と賃金のみが存在する世界を想定すると，賃金は理論的には「労働力の再生産費（次世代の労働力の育成，すなわち子供の

生活費を含む）」であるが，10% の C-VAT が新設，導入されると例えば 100 の賃金は消費支出の 10%（9）を負担し，実質賃金は 91 となる。このことは，労働力の再生産が賃金の 9％ に当たる分だけ阻害されることを意味する。労働力の再生産が正常に行われないことは，資本にとって一定水準の肉体的精神的能力を備えた労働力が供給されないことであり，従来の水準まで賃金を引き上げざるを得ない。賃金が n 年後に 110（実質賃金 100 ＋ C-VAT10）に引き上げられたとき，元の水準の労働力の再生産が可能になる。EU を構成する多くの国々では一般売上税について 100 年近い歴史を有し，C-VAT への移行も 40 年以上を超える。ここでは C-VAT が国民経済に定着し，その負担は事実上賃金や生計費の一部を構成しているとみなしてよい。

　賃金がまず C-VAT を負担するのであるが，社会全体で見た消費＝生計費の実質が導入前を回復した場合における C-VAT の負担帰着の在り方を，われわれは「社会の負担」と規定する。誤解を避けるために指摘しておくと，当然のことながら C-VAT（消費税）の導入，または税率引上げと相前後してこれに見合う賃金や所得の引上げがあるとは通常考えられない。まず実質賃金が切り下げられ，労働者は全体として従前の消費水準を維持できないこと，高所得層や税率より高い所得・賃金の増加がある階層では C-VAT の負担を相殺できるが，所得増加がゼロの階層，税率より低い所得増加しかない人々の生活水準は切り下げられる。また現代のように労働者に存在する一定の貯蓄を前提にすると，消費税の導入や税率引上げは貯蓄の取り崩し，言い換えると国家による貯蓄の収奪の問題を内包する。他方で，労働者や勤労者は労働力の正常な再生産や従前の生活水準を回復するために，長期の闘争を通じて賃金・所得の増加を獲得しようとする。ここからもわかるように焦点は，導入時の税率分や税率引上げ分に相当する賃金・所得の削減や消費の切り下げ分を勤労諸階層が回復した時の負担の在り方をどのように規定するか，ということにある。

　周知のように「社会の負担」の概念はマルクス『資本論』3 巻の差額地代論において定式化された。すなわち差額地代は豊度や位置など土地条件の違いから生じ「労働価値」の基礎を持たないから，「虚偽の社会的価値（ein falscher Sozialwert）」という性格規定を受ける。しかし差額地代に相当する価格（生産

価格）の一部分は，あたかも労働価値の基礎を持つかのように「社会的価値」として評価される。この負担の態様ないし負担帰着の在り方をマルクスは「消費者としてみた社会の負担」と規定した。[6]

　自由な競争の下では土地生産物の市場価値（市場調整的生産価格）は工業製品と異なり，中位的等級の土地ではなく，最劣等地の個別的価値（個別的生産価格）によって決定されるという特殊性を持つ。資本条件が同じ下で，土地種類の等級に照応した土地条件の差異（豊度，位置など）は，農産物などに生産性や費用価格（コスト）の差異を生み出す。このために優等地の個別的生産価格は一般的生産価格より低くなることから，この差額は超過利潤となり，土地所有者が受け取る差額地代に転形する。しかし差額地代に転形する超過利潤はこの部門全体（農業部門）で相殺されることはなく，工業部門と異なり農業など土地を利用する生産部門の市場価値総額は，これに体化されている労働時間総量より大きくなる。マルクスは市場価値と現実に評価される価値との差額，言い換えると超過利潤に相当する部分を「虚偽の社会的価値」と規定する。その含意は，労働時間に基づく価値的基礎を有しないという意味で虚偽であり，他面，市場価値法則の下で社会的価値として評価されることにある（表1参照）。

　労働価値＝社会的労働時間の基礎を有しない「虚偽の社会的価値」について，マルクスは最終的に「社会の負担」に帰着するというのであり，次のように述べる。「同じ種類の諸商品の市場価格が同じだということは，資本主義的生産様式の基礎上で，価値の社会的性格が貫かれる仕方である。消費者としてみた社会が土地生産物のために過多に支払うもの，それは土地を利用した生産での社会的労働時間のマイナスをなすのであるが，それが今では社会の一部分にとってのプラスをなす」[7]

　数値例で示すと次のとおりである。土地生産物の市場価値の総額は，虚偽の社会的価値を含む社会的価値の総額に等しい。この部門の市場価値の総額1,600の内，労働価値つまり土地生産物に費やされた社会的労働時間が1,000の時，虚偽の社会的価値は600となる。社会的労働時間1,000が対象化されている非土地生産物（工業製品）では，総労働価値が1,000の社会的価値を持つのに対して，土地生産物（農産物）では1,600の社会的価値として評価される。

消費税の本質と「社会の負担」理論

表1　虚偽の社会的価値の形成論理

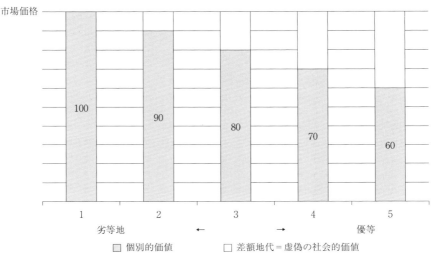

(注1) 資本条件は同等を前提
出所：筆者作成

土地生産物の無数の交換において，購買者は等価交換であるとはいえ，より多くの社会的労働時間を支払うのである。このことは消費者としてみた社会，つまり資本主義的市場社会が土地生産物に，より多くの社会的労働時間を支払うことを意味する。

3 「社会の負担」理論の付加価値税＝消費税への適用

「社会の負担」理論は，消費税（消費型付加価値税，C-VAT）の新しい導入や税率引上げにおける負担の帰着について適用できる。例えば，5％の基本税率を15％に引き上げたとき（税率10％のC-VATの導入と同じ効果を持つ），消費財の価格は10％上昇し，消費財全体の総価格は10％分増大する。n 年後に消費者である労働者の賃金が10％増加して税率引上げ（または新税の導入）以前の実質賃金を回復した時，消費税負担のありようは土地生産物の差額地代における「虚偽の社会的価値」と同様に，「消費者としてみた社会」の負担に帰着する。差額地代の場合，市場価値法則が土地生産物に貫徹した結果成立するのに対し，

193

消費税では国家の課税権＝強制力の行使による消費財価格の増大から生ずる。[8)]

　表2はマルクスの単純再生産表式を援用して，資本財と消費財の2大生産部門における消費税の負担帰着と両部門への影響の違いを表式化したものである。この表式では賃金所得のみが消費し，利潤（剰余価値）はすべて貯蓄されることを前提とし，貿易は捨象する。消費税の税率引上げ前（または新設・導入前），第Ⅰ部門（資本財生産）の総価格（総価値）は4,000，第Ⅱ部門（消費財生産）のそれは8,000であった。10%の税率引上げによって，6,000の消費財（c + v）の総価格は税負担の増加分600が加わり，第Ⅱ部門全体では8,600となる。第Ⅰ部門では賃金部分（可変資本）は消費税200が加わって2,200となり，社会全体の総価格は12,800となる（表2参照）。

　第Ⅰ部門，第Ⅱ部門の労働者はそれぞれ，200，400の支出の増加をしなければ，以前の消費水準を維持できない。この維持のために労働者が過去の貯蓄を支出の増加分に充てることを想定すると，税収600は労働者自身が貯蓄から負担したことになる。すなわち，国家が労働者階級の貯蓄を収奪したのである。貯蓄を充てることができなければ，消費水準が切り下げられ，労働力の再生産が阻害されるとともに，他方では消費財の一部が販路を失う。

　n年度は数年後であることもあれば，10年以上後になるかもしれないが，賃金引上げによって実質賃金を回復する年度を示す。第Ⅰ部門の賃金総額は2,000から2,200に，第Ⅱ部門のそれは4,000から4,400となる。この結果第Ⅰ部門の総価格は4,200，第Ⅱ部門のそれは8,600に，社会全体の総価格は生産物自体が同じ量であるのに，以前の12,000から12,800に増大した。第Ⅰ，第Ⅱ両部門の労働者はn年後に消費財の価格上昇に見合う賃金増加を獲得し，（n＋1）年前の消費水準を回復しているといえる。消費税の負担は実際の費用ではないにもかかわらず，費用の一部であるかのように存在し，価格の一部を構成するのである。「消費者としてみた社会の負担」とは消費税課税のために，社会がより高い価格を支払うということである。そして社会が過多に支払うものが，国家のプラスたる税収入として実現する。かくして「社会の負担」概念は土地所有が土地生産物を介して社会に過多な負担を求めるのと同様に，国家が消費税課税を通じて社会に対し新しい負担を強制する概念である。

消費税の本質と「社会の負担」理論

表2　消費税＝付加価値税の2大部門への影響

(A)　C-VAT の創設前	
第Ⅰ部門	1000c ＋ 2000v ＋ 1000m ＝ 4000
第Ⅱ部門	2000c ＋ 4000v ＋ 2000m ＝ 8000
（課税後，　税率 10%） 第Ⅱ'部門　8000 ＋ 600t ＝ 8600 （部門Ⅰ：資本財生産部門，部門Ⅱ：消費財生産部門） (B)　創設後 n 年度	
第Ⅰ部門	1000c ＋ 2200v ＋ 1000m ＝ 4200
第Ⅱ部門	2200c ＋ 4400v ＋ 2000m ＝ 8600　(t ＝ 600)
価格上昇率 　　第Ⅰ部門　200 ／ 4000 ＝ 5 （%） 　　第Ⅱ部門　600 ／ 8000 ＝ 7.5（%） 利潤率 　　第Ⅰ部門　33.30% → 31.25% 　　第Ⅱ部門　33.30% → 30.30%	

出所：筆者作成

　消費税の勤労諸階層や社会への衝撃が最も大きいのは，その新設・導入，および大幅な税率引上げ（増税）の際である。というのは，まさにその時生計費が増大し，労働者や勤労諸階層が貯蓄を減らして消費水準を維持するか，消費水準を切り下げざるを得ないからである。その際に激しい反対・抵抗運動を呼び起こすのは，これを最大の理由とする。先進工業国が平時にその新設に成功した例はほとんどなく，また日本において 1970 年代末の一般消費税導入や，1987 年の売上税導入に挫折した根拠の1つはこの点に見出される。角度を変えると，欧米諸国が取引高税や小売売上税を導入できたのは第1次，第2次の世界大戦中，1930 年代の大恐慌期という非常時であった。歴史的経験は一般売上税の新設や大幅な税率引上げが，非常時でなければ著しく困難であることを示している。

　消費税の税率引上げが，1－2％という小刻みを数年ごとに繰り返して行われることも，ここから説明できる。我が国の例に典型を見るように，消費税の税率が導入時（1989 年）の3％から始まって，1997 年に5％，2014 年から8％，2019 年 10 月から 10%（予定）へと 10% 水準に達するのに 30 年を要しようと

195

している。

　国家が消費税の導入や，税率引上げにいったん成功した後は，その廃止や税率引下げは決して容易ではない。労働者や勤労諸階層は消費税をめぐって国家と対峙しつつも賃金引上げ，したがって従前の消費水準（生活水準）を回復するために資本家や経営者との長期の闘争に向かわざるを得ない。つねに以前の消費水準を回復できない人々が存在するが，一定期間後には大勢として実質賃金を回復し，労働力の正常な再生産を可能にすると考えられる。そうでなければ，労働力の再生産は正常に行われないからである。こうして，一般消費税，付加価値税などの一般売上税の導入や税率引上げに伴うインパクトは，時間の経過とともに社会内部の関係のうちに吸収され，国家と国民諸階層との対抗関係は文字通り間接的となる。この点は，所得の重要な一部を削減し，源泉徴収制度の下にあってさえ，負担の苦痛を直接与え続ける所得税との明らかな違いである。「社会の負担」理論とはそのような消費税の本性を説明するのである。この理論はまた，消費税（C-VAT）の導入や税率引上げ問題に直面する国民に，次のことを警告する。「国家にその成功を許すことは，勤労諸階層が過重で逆進的な税負担を恒久的に払い続け，実質賃金や消費水準を回復するための長い苦しい旅に出発することである。」

　マルクス経済学の労働価値論は，社会的総労働の各産業への配分法則を説明する理論であり，社会的総労働＝社会的総価値（市場で実現する価値）を想定する。土地生産物に関しては，農業部門の社会的総労働（L）と社会的価値量（V）が差額地代に当たる価値部分（虚偽の社会的価値）だけ乖離する（L＜V）ということであった。

　消費税に関しては，消費財価格の総額が税率に相当する分大きくなるが，これを数値例で説明しよう。税抜き消費財価格の総額を 100,000 とすると，税率 10% の消費税が導入された後，または税率引上げの後のそれは 110,000，うち消費税額 10,000 となる。表 3 はこの場合の，階層別負担の態様を示したものである。ここでは低所得層の所得総額 30,000（導入前貯蓄 0），消費税負担額 2,700，中所得層がそれぞれ 66,000（同 6,000），同 6,000，高所得層 40,000（同 27,000），同 1,300 である。現実の姿に近づけるために，貯蓄の要素が加味され，

消費税の本質と「社会の負担」理論

表 3　階層別消費税負担の態様

	所　得	導入前消費支出	導入前貯蓄	導入後消費支出	消費税負担	導入後貯蓄
低所得層	30,000	30,000	0	27,300	2,700	—
中所得層	66,000	60,000	6,000	60,000	6,000	0
高所得層	40,000	13,000	27,000	13,000	1,300	25,700
合　計	136,000	103,000	33,000	100,300	10,000	25,700

注1）消費財価格の総額　100,000　消費税総額 10,000（税率 10%）
　　　過去の貯蓄は捨象する
注2）消費税導入前，導入後を対比しているが，税率引上げ前，引上げ後の場合も同様
　　　である

事態を明瞭にするために低所得層の貯蓄はゼロと想定する。

　消費税導入後，または税率引上げ後の税抜き消費支出の総額 103,000 は価格の構成部分であり，原材料費，減価償却費（固定資本部分），人件費，利潤部分から成る。税込みの消費財価格の総額は 110,000（端数 300 は切り捨て），うち消費税 10,000，3 つの階層の負担額はそれぞれ 2,700，6,000，1,300 である（表 3 参照）。

　ここから次のことがわかる。低所得層は税抜き消費支出が 27,300 になるから，このことは従来の消費支出，したがって生活水準を引き下げざるを得ないことを示す。従前の消費水準が労働力の再生産に必要な消費支出の水準の時，労働力の再生産は阻害される。貯蓄の可能な中所得層は消費税負担のために貯蓄をゼロにして消費水準を維持するか，ゼロにしない場合には消費水準を切り下げる選択を迫られる。高所得層では消費税負担のために若干の貯蓄を減らす（27,000 → 25,700）だけで済む。

　この結果に直面して，低所得層は従前の消費水準を回復するために，中所得層は貯蓄を減らさずに消費水準を維持できるように，企業経営者に対して賃金・給与の引上げを要求することになる。それが n 年後に実現され，従前の消費水準を回復した時に，労働者や勤労者の全体が増加した自分の賃金所得から消費税を負担するが，その在り方を「社会の負担」という概念で表現するのである。

しかしながら，すべての消費者，言い換えると労働者や勤労諸階層が，n 年後に消費税の負担増加に対応した賃金引上げ，または所得増加を実現できるわけではない。それが困難な少なくない人々や家族が存在するからである。「社会の負担」理論は，このような消費税課税の冷酷な実態を内包する。長期的に見ると，消費税の 10 ～ 20% という高い水準はグローバル資本主義に不可避的に伴う所得格差，資産格差の大きな原因の 1 つとなる。

4　間接生計費税説，「社会の負担」理論が示唆すること

間接生計費税説や「社会の負担」理論は租税研究の学術面の重要性にとどまらず，国民の諸階層や労働運動，社会運動の関係者にとって実践的，政策的な意義を有する。2 つの面から接近しよう。

1 つは，EU 諸国で付加価値税が各国の社会経済に定着し，相対的に安定的であるかに見えるが，それが何を意味するかということである。ヨーロッパでは一般売上税（取引高税）がドイツ，フランスなどで最初に導入されたのは第 1 次大戦期であり，以来 100 年を経過し，1970 年前後の統一付加価値税への移行からも半世紀近い歴史を経る。EU 諸国の中でも原加盟の 6 カ国，ドイツ，フランス，イタリー，オランダ，ベルギー，ルクセンブルク，および 1973 年加盟のイギリス，アイルランド，デンマークが念頭に置かれる。

付加価値税の定着，ないし安定性とは，広く国民にかなりの程度まで受容されているということであるが，その理由として，3 点をあげることができる。第 1 に，福祉国家の下での完全雇用や所得の増大の下で，VAT がすでに人々の生計費の一部を構成するようになっている。確かに低所得層に 15 - 20% の VAT 税率は過酷であるが，これに対してはイギリス，アイルランドでの食料品などへのゼロ税率，広く EU 諸国での必需品への非課税措置や軽減税率の適用，他方では社会保障給付やきめ細かい住宅政策で対応してきたと言える。

第 2 に，税率フラット化や法人税率の引下げで，近年事情が変わりつつあるが，VAT 税率水準が上昇傾向にあった時，所得税や法人税の負担はかなり高い水準を保持し，税制の公平性がある程度確保されていた。高所得層や富裕層の所得税や財産税の負担が一定の高さにあることは，福祉国家が追加財源を必

要とする際，VATの税率引上げによる増税に国民の理解が得られる1つの要因になったのである。

　第3に，支出構造が高度の福祉国家建設と維持に見るように，財政支出に占める社会支出（福祉・教育費，住宅費など）が重視され高い水準を保持してきたことである。ここでは詳細を省くが，VATを含む国民の租税・社会保険料負担（国民負担）の使途が福祉国家や国民生活の安全・安心確保であることを多くの国民がよく知っていた。筆者はかつて，EUの主要6カ国（フランス，当時の西ドイツ，イギリス，オランダ，デンマーク，スウェーデン）の福祉国家が建設，維持された時期について，社会支出の増加傾向と財源手段（租税）との対応関係を分析した。1960年代にはその主要財源は所得税と法人税，社会保険料（以上，直接負担）によって確保された。次いで取引高税が付加価値税に移行したのちの70年代後半から80年代中葉にかけては，前述の直接負担の水準が維持されつつ，社会支出の増勢に必要な財源はVATの税率引上げが担ったのである。当然のことながら，この対応関係は6カ国についてほぼ共通する。[9]

　しかしながらVATの相対的安定性は長期的に言えることであって，ヨーロッパ諸国においてもなおVATの税率引上げ，増税問題は厳しい政策上の争点になることに変わりはない。

　もう1つの論点は，EUの先発加盟国の経験と対比した時の，日本の消費税の税率引上げ，増税問題をめぐる重要な差異と，これを踏まえた実践的政策的な含意である。第1に，過酷な負担を強いる低所得層に対して，緩和措置として食料品をはじめ必需品に対するゼロ税率，軽減税率の導入，非課税対象の拡大を行うことである。消費税の仕組みに関して，ほかにも帳簿方式（アカウント方式）の伝票方式（インボイス方式）への転換や簡易課税，納税義務の除外（免税点制度）などの問題があるが，ここでは言及しない。

　第2に，税制の公平性の改善，徹底である。具体的には所得税の最高税率の引上げ（さしあたり60%），法人税率の引上げ（当面30%），相続税の最高税率の引上げ（当面70%），経常的財産税である富裕税の導入（3億円以上の資産に0.5～3%の課税）である。

　第3に，財政支出構造の改編である。社会保障費は中央政府一般会計の30%

を超え，近年は同一般歳出の指標で 50％を超える。絶対額，割合とも増大しているのであるが，多くの国民が社会保障の制度や給付から安心を得ているとの実感は極めて乏しい。また支出予算だけでなく，介護や医療人材，保育士の不足，低賃金，劣悪な労働環境など多くの課題が解決を迫られている。

　これらの諸論点が解決されないとき，われわれは消費税の税率引上げによる増税に到底同意できないのである。

まとめ

　消費税＝原理的賃金税説，間接生計費税説は消費税や C-VAT の負担の在り方を理論的に表現するとともに，現実社会において一定の賃金・所得水準の上昇や貯蓄の存在の下で，労働者や勤労者が消費税の大部分を負担することを適切に表現する。

　「社会の負担」理論は，次のことを意味する。労働者や勤労者が消費税率の引上げ（新設は 0％からの税率引上げに同じ）によって実質賃金の切下げや貯蓄の減少を強制される一方，他方では企業経営者に賃金引上げ・所得増加を求めざるを得ないこと，一定期間を要して全体として実質賃金・所得の回復が可能になった時，その負担帰着のありように他ならない。ここでも賃金・所得の増加が必ずしもできない人々は生活水準を低下させることに，注意が払われねばならない。

　一連の理論と EU の 100 年余の経験から，重要な教訓が導かれる。消費税の本性をふまえてのことであるが，増税手段として消費税率の引上げが提起されるとき，その評価は他の手段，所得税の最高税率の引上げ，富裕税の導入，法人税率の引上げなど所得課税や資産課税の増税手段としての適否をふまえなければならない。そして，支出構造が国民本位かつ平和主義で，福祉，教育重視となっているか，防衛費の削減・ODA 強化の方向に転換しているか，財政非効率の除去が十分か否かの検証に基づかねばならない。

　注
　1）　筆者は『税制研究』誌 70 号（2016 年 8 月）に寄稿した論文「消費税＝賃金税・間接生

計費税論と『社会の負担』仮説・再論」にもとづいて日本租税理論学会第28回研究大会（2016年度）における研究発表を行った。したがって本稿は若干の新しい論点を加えた同上論文の改稿である。筆者の付加価値税，消費税に関する主要研究は『大型間接税の経済学』（1986），『会社主義と税制改革』（1996），編著『財政とは何か』（2014），などを参照のこと。

2) Oakland, W. H., The Theory of the Value Added Tax : I A Comparison of Tax Bases, II Incidence Effects, "National Tax Journal" Vol. 20-2, Vol. 20-3, 1967. この論文は，オークランドが1964年にマサチューセッツ工科大学に提出した博士論文「付加価値税の理論」を基礎としている。

3) Ibid. I, Vol. 20-3（June 1967），p136.

4) Shoup, C. S., "Public Finance", 2nd ed., 1972, p255　塩崎潤　訳『シャウプ財政学』Ⅰ，Ⅱ 1973）　p366.

5) 賃金税説，間接生計費税説，「社会の負担」理論について詳しくは前出の『大型間接税の経済学』（1986）第8章を参照。

6) 筆者の差額地代論，および虚偽の社会的価値論は拙稿「虚偽の社会的価値の理論的根拠」『立命館経済学』22巻5－6合併号，1974，において研究史の検討を基礎に解明している。

7) Marx, K.,　資本論3巻第6篇「39章　差額地代の第一形態」マルクス・エンゲルス全集第25巻　岡崎次郎　訳 p853.

8) 間接生計費税説や「社会の負担」理論は拙著『大型間接税の経済学―付加価値税の批判的研究』（1986，博士学位論文，大月書店刊）で最初に展開，提起したものであったが，同書への書評をはじめ消費税，付加価値税をめぐる研究においてほとんど言及されることはなかった。振り返ってみると，財政・租税研究者に租税の経済理論的究明に対する関心が低く，他方では経済理論の研究者に租税の理論や制度に対する関心が低かったからではないかと考えられる。

9) 拙著『会社主義と税制改革』（1996）「第4章　少子高齢社会の財源問題―ヨーロッパの福祉国家の経験―」参照。

日本租税理論学会規約

(1989年12月9日　制定)

(2002年11月16日　改正)

(2011年11月12日　改正)

第1章　総　則

第1条　本会は、日本租税理論学会（Japan Association of Science of Taxation）と称する。

第2条　本会の事務所は、東京都に置く。

第2章　目的及び事業

第3条　本会は、租税民主主義の理念に立脚し、租税問題を関連諸科学の協力を得て総合的・科学的に研究することを目的とする。

第4条　本会は、前条の目的を達成するために、左の事業を行う。

1　研究者の連絡及び協力促進

2　研究会、講演会及び講習会の開催

3　機関誌その他図書の刊行

4　外国の学会との連絡及び協力

5　その他理事会において適当と認めた事業

第3章　会員及び総会

第5条　本会は、租税問題の研究にたずさわる者によって組織される。

第6条　会員になろうとする者は、会員2人の推薦を得て理事会の承認を受けなければならない。

第7条　会員は、総会の定めるところにより、会費を納めなければならない。3年の期間を超えて会費を納めない場合は、当該会員は退会したものとみなす。

第8条　本会は、会員によって構成され、少なくとも毎年1回総会を開催する。

第4章　理事会等

第9条　本会の運営及び会務の執行のために、理事会を置く。

理事会は、理事長及び若干人の理事をもって構成する。

第10条　理事長は、理事会において互選する。

理事は、総会において互選する。

第 11 条　理事長及び理事の任期は、3 年とする。但し、再任を妨げない。

第 12 条　理事長は、会務を総理し、本会を代表する。

第 12 条の 2　理事会内に若干人の常任理事で構成する常任理事会を置く。任期は 3 年とする。但し、再任を妨げない。

第 13 条　本会に、事務局長を置く。事務局長は、理事長が委嘱する。

第 14 条　本会に、会計及び会務執行の状況を監査するために、若干人の監事を置く。監事は、総会において互選し、任期は 3 年とする。但し、再任を妨げない。

第 14 条の 2　理事会は、本会のために顕著な業績のあった者を顧問、名誉会員とすることができる。

第 5 章　会　計

第 15 条　本会の会計年度は、毎年 1 月 1 日に始まり、その年の 12 月 31 日に終わるものとする。

第 16 条　理事長は、毎会計年度の終了後遅滞なく決算報告書を作り、監事の監査を経て総会に提出して、その承認を得なければならない。

第 6 章　改　正

第 17 条　本規約を改正するには、総会出席者の 3 分の 2 以上の同意を得なければならない。

附　則

第 1 条　本規約は、1989 年 12 月 9 日から施行する。

日本租税理論学会理事名簿 〔 * は常任理事会構成理事 ○ は名誉教授 〕

（2017 年 1 月現在）

| 理　事　長 | 石村　耕治（白　　鷗　　大） |
| 事　務　局　長 | 髙沢　修一（大　東　文　化　大） |

理　　　　事

〔財　政　学〕　安藤　　実（静　　岡　　大）　内山　　昭（京都・成美大）
　　　　　　　 *梅原　英治（大 阪 経 済 大）　後藤　和子（摂　　南　　大）
　　　　　　　　篠原　正博（中　　央　　大）　関野　満夫（中　　央　　大）
　　　　　　　 *鶴田　廣巳（関　　西　　大）

〔税　法　学〕 *阿部　徳幸（日　　本　　大） *石村　耕治（白　　鷗　　大）
　　　　　　　　伊藤　　悟（日　　本　　大）　浦野　広明（立　　正　　大）
　　　　　　　　小川　正雄（愛 知 学 院 大） *黒川　　功（日　　本　　大）
　　　　　　　　小池　幸造（元静岡大・税理士）　湖東　京至（元静岡大・税理士）
　　　　　　　　田中　　治（同 志 社 大）　千葉　寛樹（札 幌 学 院 大）
　　　　　　　 *長島　　弘（立　　正　　大） *中村　芳昭（青 山 学 院 大）
　　　　　　　 *浪花　健三（立 命 館 大） *水野　武夫（立 命 館 大）
　　　　　　　 *望月　　爾（立 命 館 大）

〔税務会計学〕　朝倉　洋子（税　　理　　士）　浦野　晴夫（元 立 命 館 大）
　　　　　　　　粕谷　幸男（税　　理　　士）　菊谷　正人（法　　政　　大）
　　　　　　　　髙沢　修一（大 東 文 化 大）　富岡　幸雄（中央大名誉教授）
　　　　　　　　山本　守之（千 葉 商 科 大）

| 監　　　　事 | 小山　廣和（明　　治　　大）　小山　　登（ LEC 会計大学院） |

事務所所在地　〒 175-8571　東京都板橋区高島平 1-9-1
大東文化大学経営学部髙沢研究室内
日本租税理論学会
（郵便振替　00110-9-543581　日本租税理論学会）

租税理論研究叢書 27

平成29年11月15日　初版第1刷発行

消　費　課　税　の　国　際　比　較

編　者　日　本　租　税　理　論　学　会

発行者　日　本　租　税　理　論　学　会

〒175-8571　東京都板橋区高島平1-9-1
　　　　　　大東文化大学経営学部高沢研究室内

発売所　株式会社　財経詳報社

〒103-0013　東京都中央区日本橋人形町1-7-10
電　話　03（3661）5266（代）
ＦＡＸ　03（3661）5268
http://www.zaik.jp

落丁・乱丁はお取り替えいたします。　　　印刷・製本　創栄図書印刷
©2017　　　　　　　　　　　　　　　　　Printed in Japan 2017
ISBN　978-4-88177-442-7

租税理論研究叢書

日本租税理論学会編 　　　　　　　　　　各Ａ5判・150〜250頁

21 市民公益税制の検討 　　　● 3700円

税制の改正および公益法人制度改革関連3法による新制度移行にともない，財政学・税法学・税務会計学の3分野から総合的にアプローチする。「税制調査会納税環境整備PT報告書に対する意見書」も採録。

22 大震災と税制 　　　● 4200円

税財政による災害復興制度は，震災被害からの復旧・復興をどのように支え，またどのような課題を抱えているのか。その現状と課題を示し，今後の展望を理論的・実証的に検討する。

23 税制改革と消費税 　　　● 4200円

社会保障の安定財源を確保する観点から，消費税率の引上げを柱とする税制改革が進められようとしている。財政学，税務会計学，税法学の研究者と実務家らが，消費税の宿罪ともいえる様々な難点を徹底的に討議する。

24 格差是正と税制 　　　● 4500円

世界各国における所得格差の拡大と貧困の累積についての実態が明らかにされるなか，その是正に果たす税制の役割について検討。諸氏の問題提起論文と討論を収録。

25 国際課税の新展開 　　　● 2800円

リーマン・ショック後の国際課税制度，居住地国課税原則をめぐる社会変化，電子商取引と国際二重課税，租税条約適用の問題点，グローバル化の中での我が国の対応，通商的側面からの消費税，BEPSと国際課税原則などを掲載。

26 中小企業課税 　　　● 2800円

中小企業の課税状況の現状と今後の課題から，アメリカの法人税改革S法人課税，外形標準課税の中小企業への拡充問題，中小企業会計基準の複線化に伴う公正処理基準などを取り上げ，討論や一般報告も収録。

表示価格は本体（税別）価格です 　　　　　10号〜20号のバックナンバーもございます